金石索

（第三册）

UESTCP

电子科技大学出版社

第三册目録

石索（一）……一
石索（二）……一四九
石索（三）……三四七

石索一

紫琅馮 雲鵬晏海氏 雲鵷集軒氏 同輯

碑碣之屬

古者方曰碑員曰碣就其山而鑿之曰摩崖亦曰石刻或枸于人或勒于獸或峙為石闕或營為石室漢人畫象多採往古聖喆遺事及祥瑞車馬鳥獸人物之狀六朝以降慿造佛像各有題記玆于小字因之大字縮之皆从碑碣之屬

夏禹王岣嶁碑

碑在衡山岣嶁峰今已無之
從楊升菴摹釋作縮本

承帝曰咨（作嗟）

翼輔佐卿（作揮）

洲渚與登

鳥獸之門

參身洪流

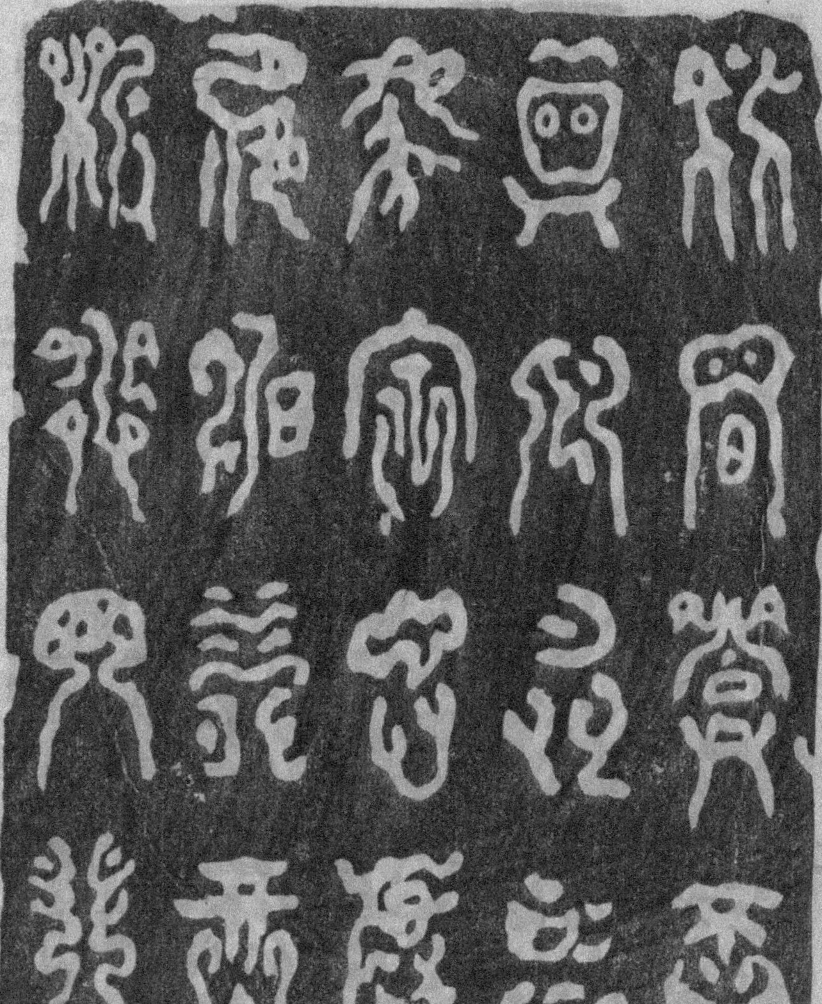

雨明發爾
興久旅忘
家宿岳麓
庭智營形
析心罔芾

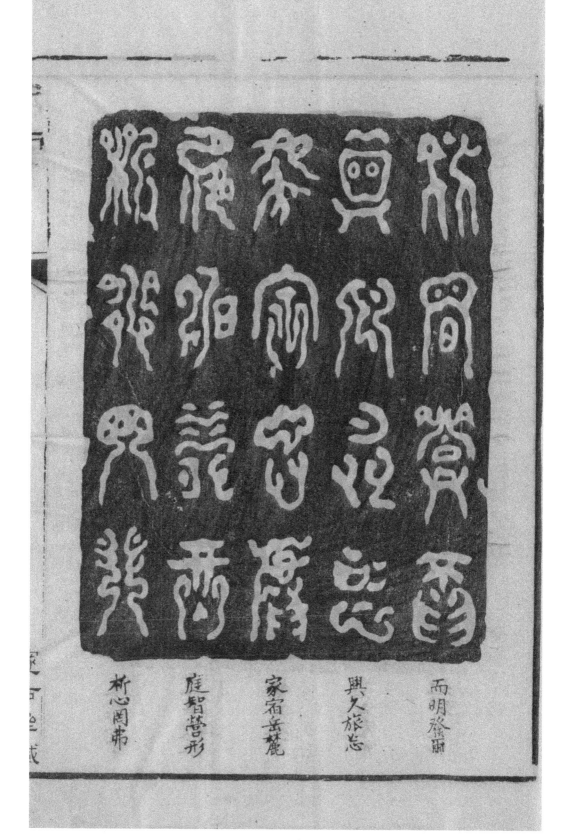

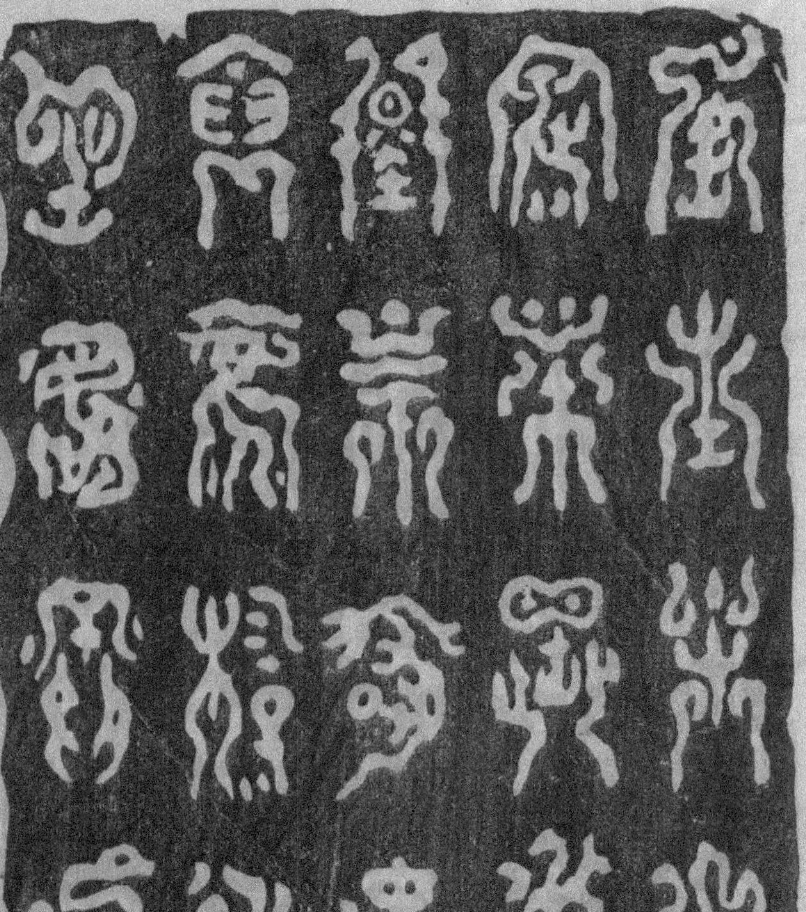

辰往求平
定華嶽泰
衡宗疏事
裒勞餘伸
禋鬱塞昏

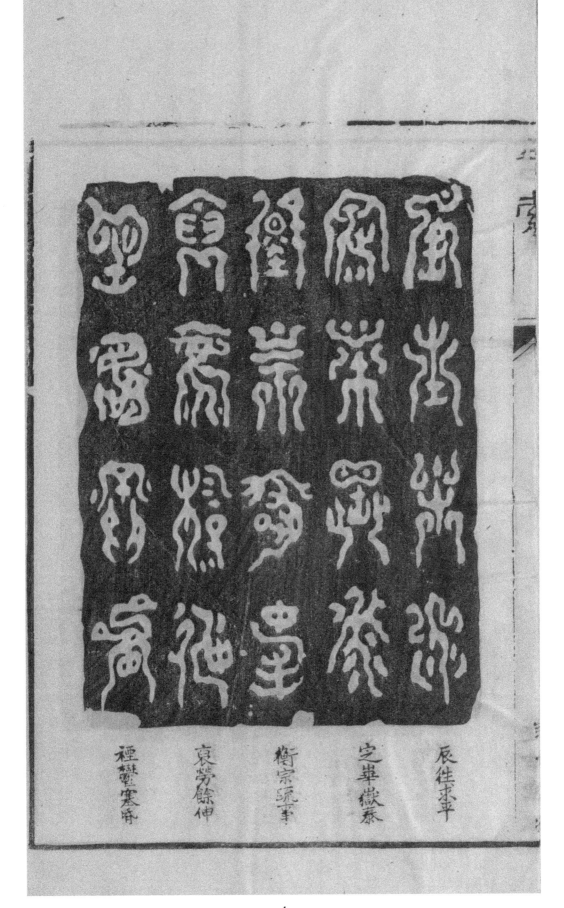

徙南瀆衍

亨衣制食

備萬國其

寍竄舞永

奔

碑末四楷書
後人所增

楊升菴禹碑歌序云碑在衡山絕頂韓文公詩所謂字青石赤形科斗鸞鳳者述道士口語耳若見之矣豈揮稱贊豈在石鼓下哉攷宋六一集古録趙明誠金石録鄭漁仲金石畧古制臚列獨不見所謂禹碑者則自昔好古者流得見是刻亦罕矣碧泉張季文得墨本于楚特以貺予作禹碑歌以紀之

季明德云碣本在岣嶁山尖宋嘉定壬申何子一始得之蘿葍之中當時曹轉運疑其狂也及摹刻于嶽麓書院之後爭欲得摹本以觀 鵬按今之摹刻禹碑者孔多矣篆法煩簡不同釋文亦別究之皆臆度也与其从它人臆之寧从升庵臆之故録舊釋如左

夏禹書

出令聶子星紀蘇春其尚乙己

此十二字未知所出姑依汝州帖及絳帖錄之

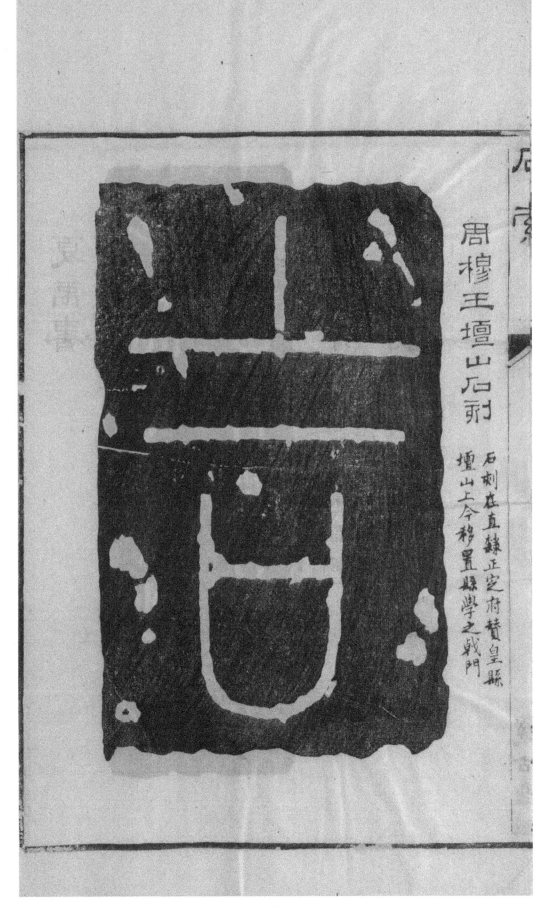

周穆王壇山石刻

石刻在直隸正定府贊皇縣壇山上今移置縣學之戟門

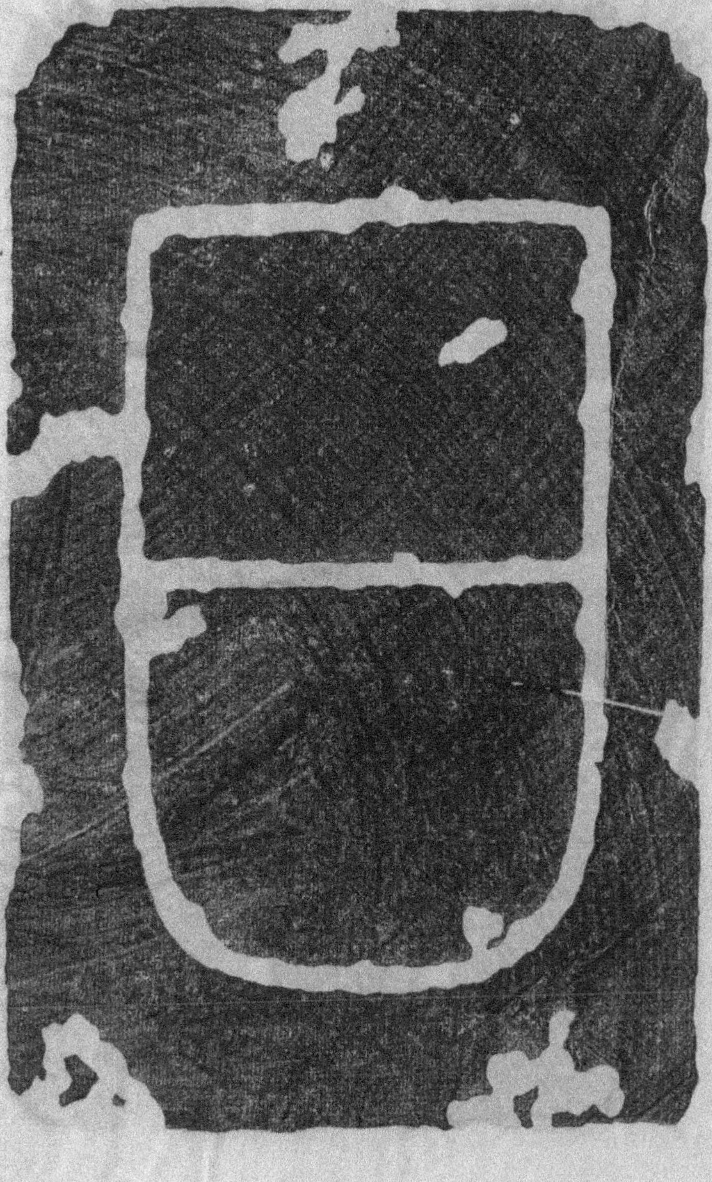

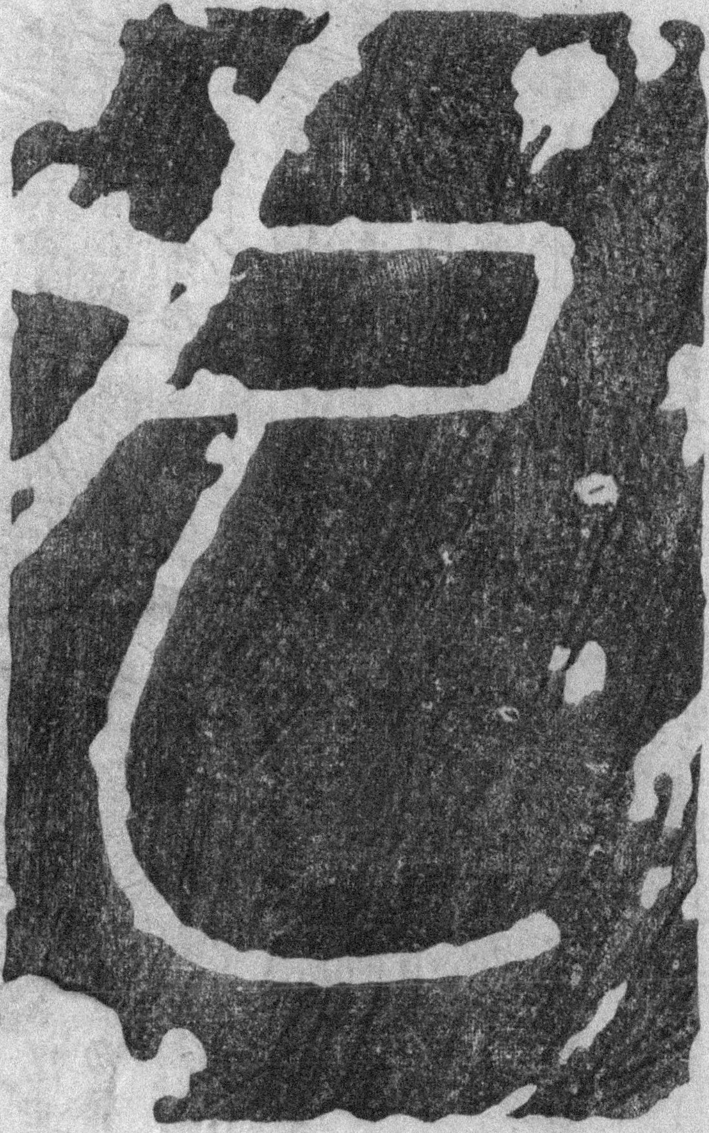

邃古記藏

贊皇縣壇山上有周穆王石刻吉日癸巳四字漢唐以來未經人道宋皇祐四年秋趙州守將廣平宋公訪得之命縣令劉莊督工鑿取以歸次年夏李公中祐權郡守事恐其圮剝迺鑱廳事右壁而陷置之并為之記所謂筆力遒勁有劍拔弩張之狀者殆非虛語今在縣學之戟門歐陽公引穆天子傳云登贊皇以望臨城置壇此山是也壇字從土今記中檀山從木恐誤石刻吉日癸巳猶本傳稱吉日戊午天子大服冕褘吉日甲子天子賓于西王母之類癸巳去甲子方三十日未知即此癸巳否傳又云乃為銘迹于懸圃以詔後世又云乃紀丌迹于弇山之石則穆王石刻亦非一處此紀時而不紀事從略耳趙明誠金石錄以其字非古文蝌蚪迺類小篆為疑是不盡然竊謂古文鑄于鐘鼎科斗施于竹簡若石刻非大小篆不可今觀宣王獵碣及孔子書季札墓碑皆不作古文科斗則此四字已開石鼓之先聲矣

周岐陽石鼓一

在京師國子監大成門左右共十鼓

邃古堂藏

避車既工避馬
既同避車既孜
避馬既駓君子
員邋〻貟斿麀鹿
速〻君子之求𢾊〻
卣弓〻茲以寺避
敺其時其來趩
趩〻𤓰〻即邋即時
麀鹿趚〻其來大
垐避敺其樸其
來遺射其𧳜蜀

右第一鼓高一尺七寸圍六尺六寸凡十一行〻六字重文九　避即吾亦釋我
工即攻孜即好駓即阜𢾊〻即闕〻殘痕尚有影潘氏迪以爲舊有
孫字者非卣即卣〻弓〻或是盧弓寺或即侍趩字俱作趩今按范
氏天一閣本殘畫走旁之右存半下截从彐不从巴也𤓰即𤓰衆多
𢡱邋或音御𧳜蜀或即豚獨

石鼓二

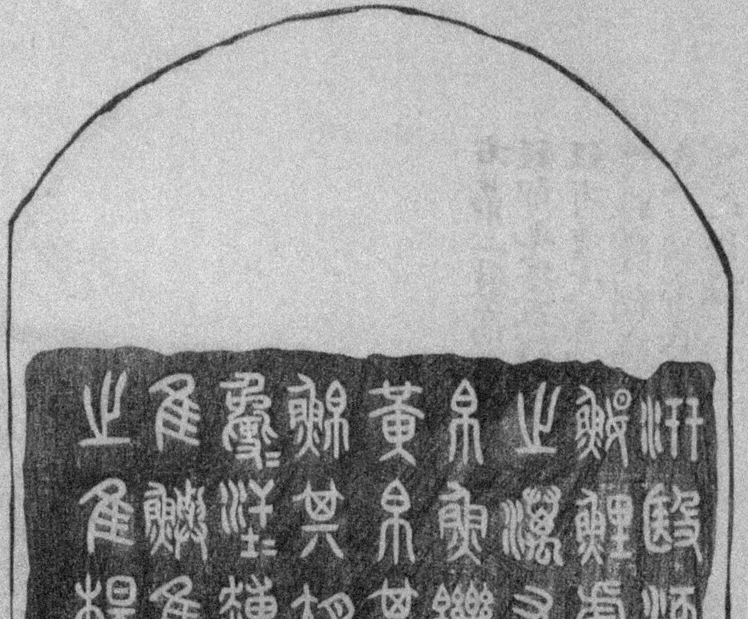

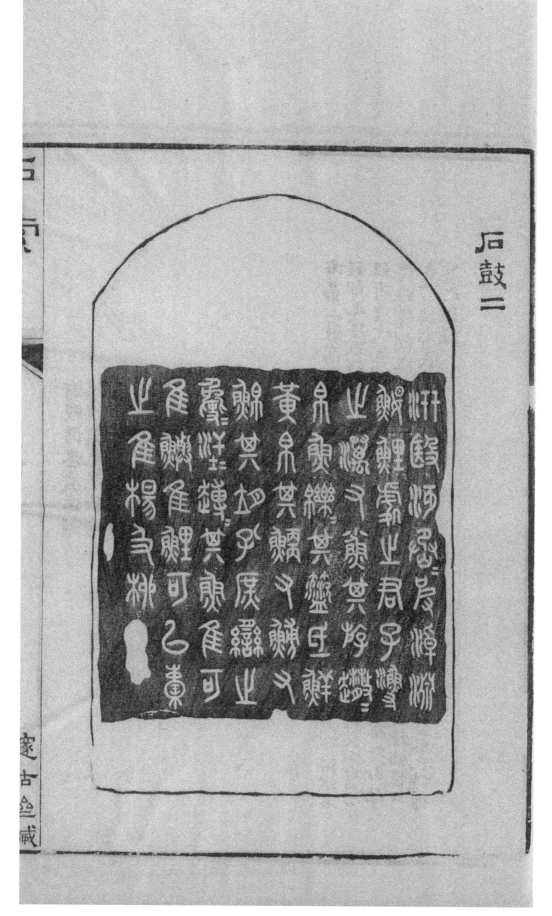

汧殹沔丞彼淖淵
鰋鯉處之君子漁〻
之澫有𩵋其斿趱〻
帛魚鱳〻其盜氏鮮
黃帛其鰝有鰟有
鮊其胡孔庶臠之
𩰫〻涇趰〻其魚惟何
惟鱮惟鯉何以櫜
之惟楊及柳

右第二鼓高二尺一寸圍六尺三寸凡九行〻七字末行五字重文六　汧水名
殹即也字或釋兮字沔即泛丞即烝鰋即鰋漁即漁澫鄭氏云即湧
鮮有重文𩵋即漁盜即菹鰝即鯾畀連反鰟即鮒鮊音綿胡即胈
愽雅䑋謂之胈𩰫毋若反相如大人賦休𩰫奔走周寶林鐘銘愷〻
𩰫〻涇鄭氏云籀文洋字櫜說文符宵反潘氏云櫜省聲蘇氏詩作
貫之恐誤

石鼓三

田車孔安鋚勒馯=
避衆既簡左驂旛=
右驂騝=避以隮于
邍避我止陸宮車
其寫秀弓寺射麋
豕孔庶麀鹿雉兔
其邍有旃其　奔=
大　出各亞
吳　執而勿射多
庶䢦=君子逌樂

右第三鼓高一尺八寸圍六尺四寸凡十行、七字末行六字重文五　邍古原字宮車輦車也輦車所于宮中寫讀如卸、而不用也秀与綉同綉弓戎弓也穀梁傳弓綉質、靶也戎弓綉其質示武中有文也吳未詳恐是臭字臭古老反大白澤獸、逌即攸字

石鼓四

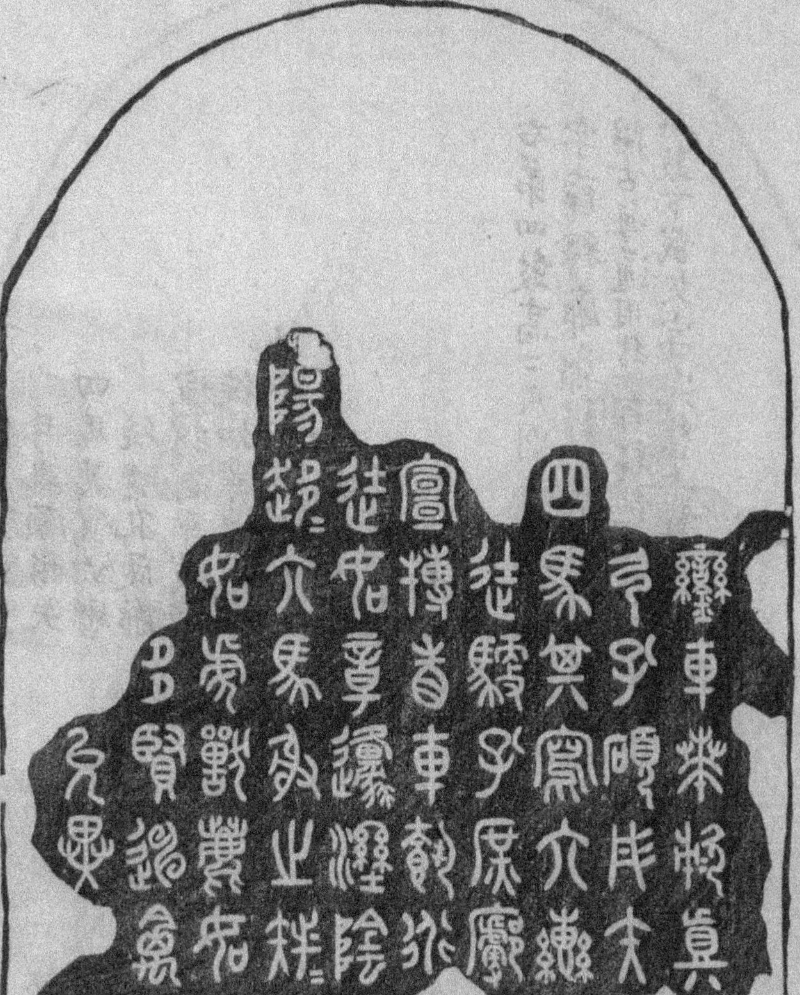

鑾車華敕真
弓孔碩彤矢
四馬其寫六轡
徒驂孔庶廓
宣搏酋車載行
徒如章邍濕陰
陽趍六馬射之族
如虎獸鹿如
多賢迪禽
允異

右第四鼓高二尺圍七尺三寸凡十行行七字末行六字重文二廓字薛釋廊鄭釋鄂酋鄭釋酋云即輶字[𢦏]籀文載字濕即隰古每通用趍鄭釋趣𢋄疑即趍字族疑借作鏃迪字鄭釋徇此鼓下截文字完整上截磨泐近廿字不敢臆補仍从天一閣

石鼓五

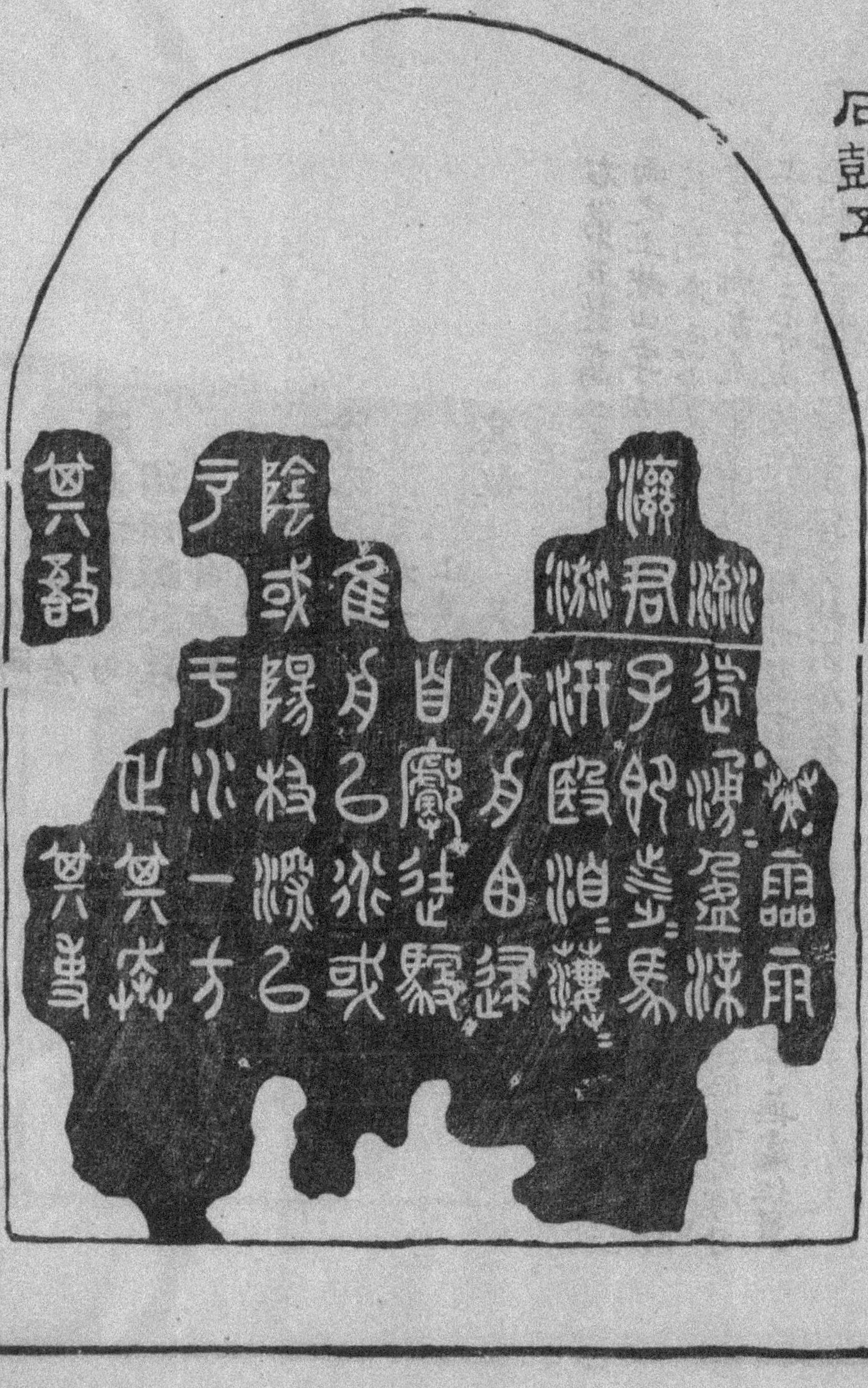

霝雨
𣻍迄湧ゝ盈渫
滋君子即涉ゝ馬
游汧殹洎ゝ淒ゝ
舫舟西歸
自廓徒馭
隹舟以道或
陰或陽极深以
于水一方
止其奔
其敔其事

右第五鼓高二尺一寸圍六尺八寸凡十一行ゝ六字重文四此第一行霝雨之上缺四字古文苑有淒ゝ字薛有天字升菴補我来自東句今觀天一閣本霝字上有殘畫ゝ不似東字不若竟缺此句為善霝即零字𣻍古流字渫或是渫字汧字上佀游字非流也舫舟西歸句上本缺二字或改作丞士舫舟駕言西逯不知駕言二字無處位置也极字鄭釋楫亐字文缺不全舊釋户字未確

石鼓六

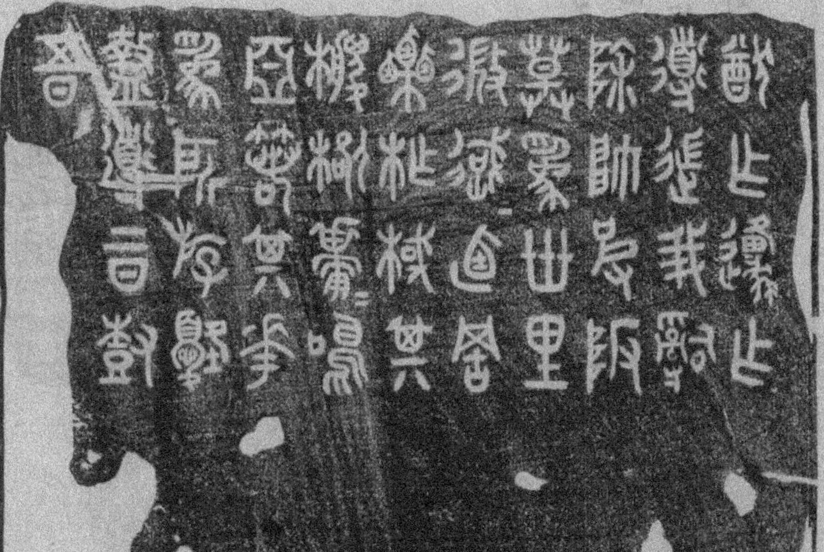

猷作原作
導徒我治
除帥彼陼
莫為世里
微微彼罟
𣡕柞棫其
檝楷庸庸鳴
亞箬其華
為所游𩯖
盩衡音樹
吾

右第六鼓高一尺五寸圍六尺八寸凡十一行此鼓民間截其頂穴其中以為臼故每行止存四字末行一字重文二 陼舊音序或曰阪莫字鮮作蒸鄭作莫卅三十也非世字微鮮作𢼸𣡕古栗字檝古稷字庸鮮作庸𩯖鮮作憂音恐是𥓓字

石鼓七

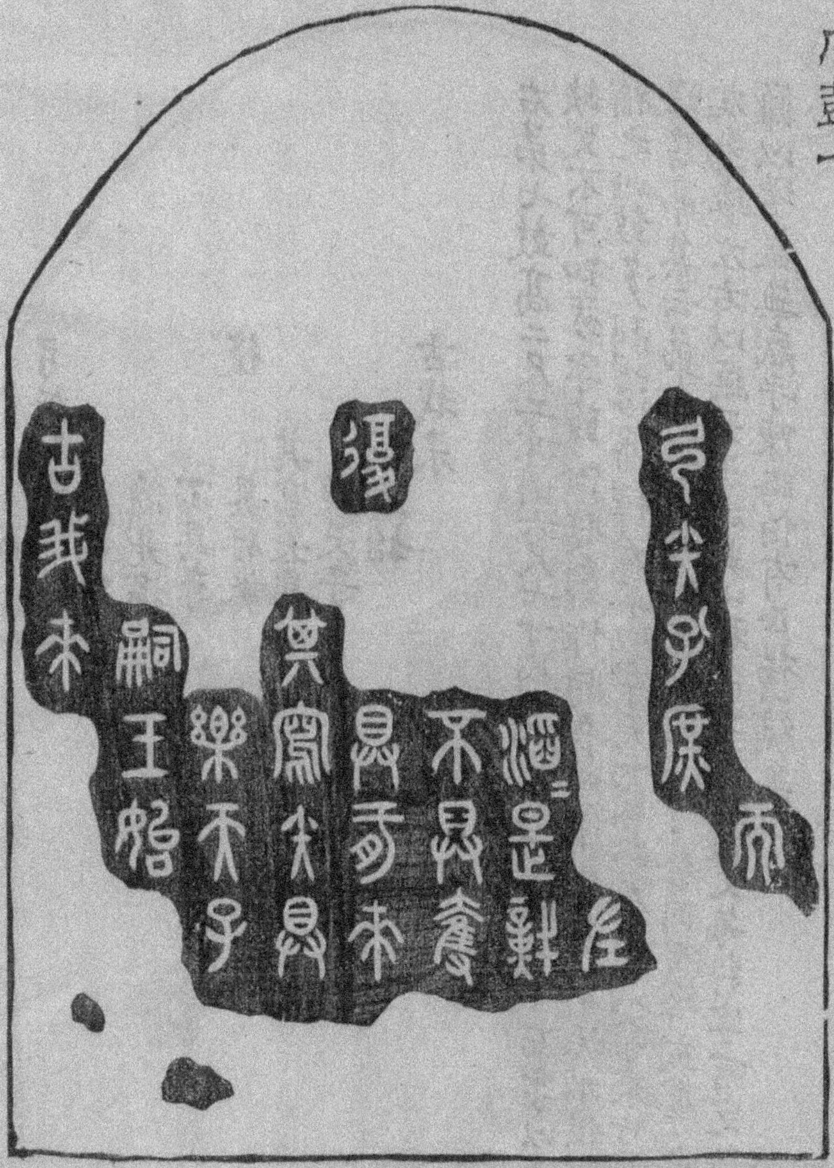

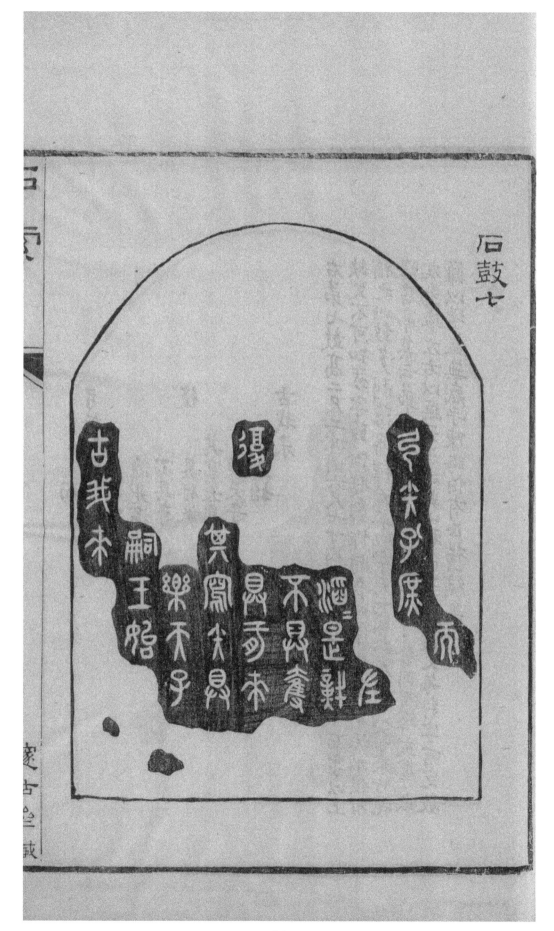

弓矢孔庶　而

左

滔是熾

不具奪

具肝来

復

其寫矢具

樂天子

嗣王始

古我来

右第七鼓高二尺二寸圍六尺七寸凡十行〻六字重文一　而字以上缺文不可知肝字薛作肝鄭作肟音吁樂字薛本潘本俱有補之此鼓多剥落潘釋存十四字天一閣本存二十八字朱竹垞曝書亭集云第七鼓用修增益徒御嘽〻會同有繹或羣或友悉率左右以燕天子咸與小雅同文不知鼓文每行字有定數難以增益無惑乎陳晦伯有正楊一編矣

石鼓八

彼
走驛〻馬薦
晳莽微〻雉立
其一
之

右第八鼓高一尺六寸圍六尺八寸剝落已甚不能定其行數天一閣本存十三字重文一潘氏音訓止存微字今無一字此從天一閣

石鼓九

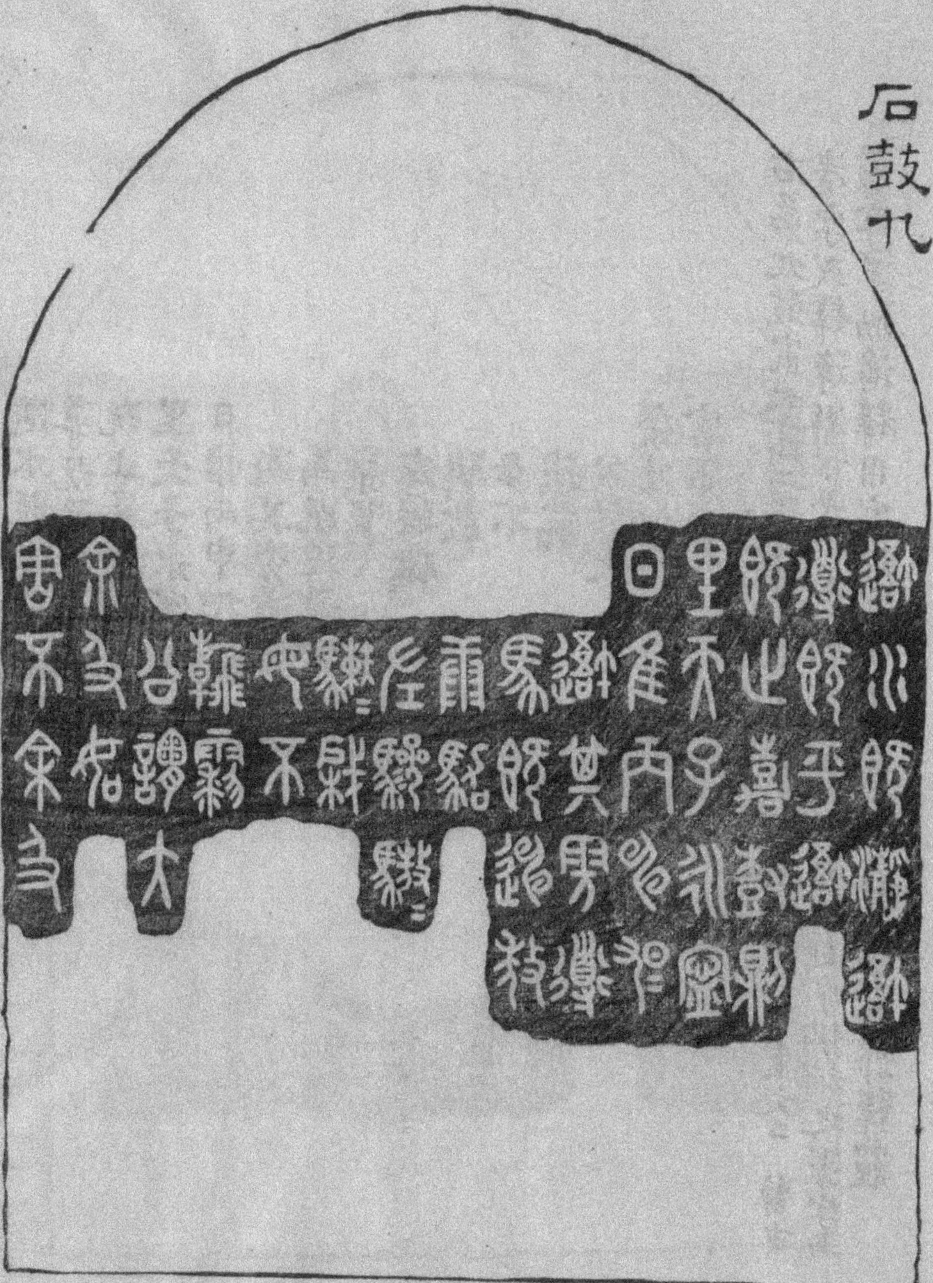

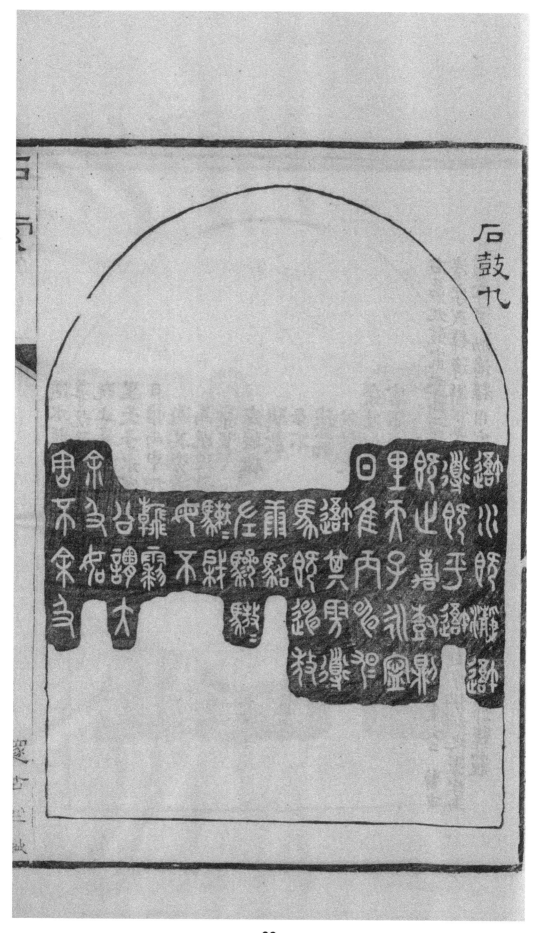

避水既瀞避
導既平
既止嘉樹則
里天子永寍
日惟丙申旭〻
避其旁道
馬既迪教
康駕
左驂驖〻
驖〻戭
毋不
䨺霧
公謂大
余及如
害不余及

右第九鼓宜大高二尺九寸圍七尺八寸凡十五行〻五字重文二　瀞古
清字或釋淨瀞下平下天一闕本缺潘本尚有避字俱補之雩字与
戭字半泐潘釋用字識字俱未合䨺鄭釋翰霧郭釋霾

石鼓十

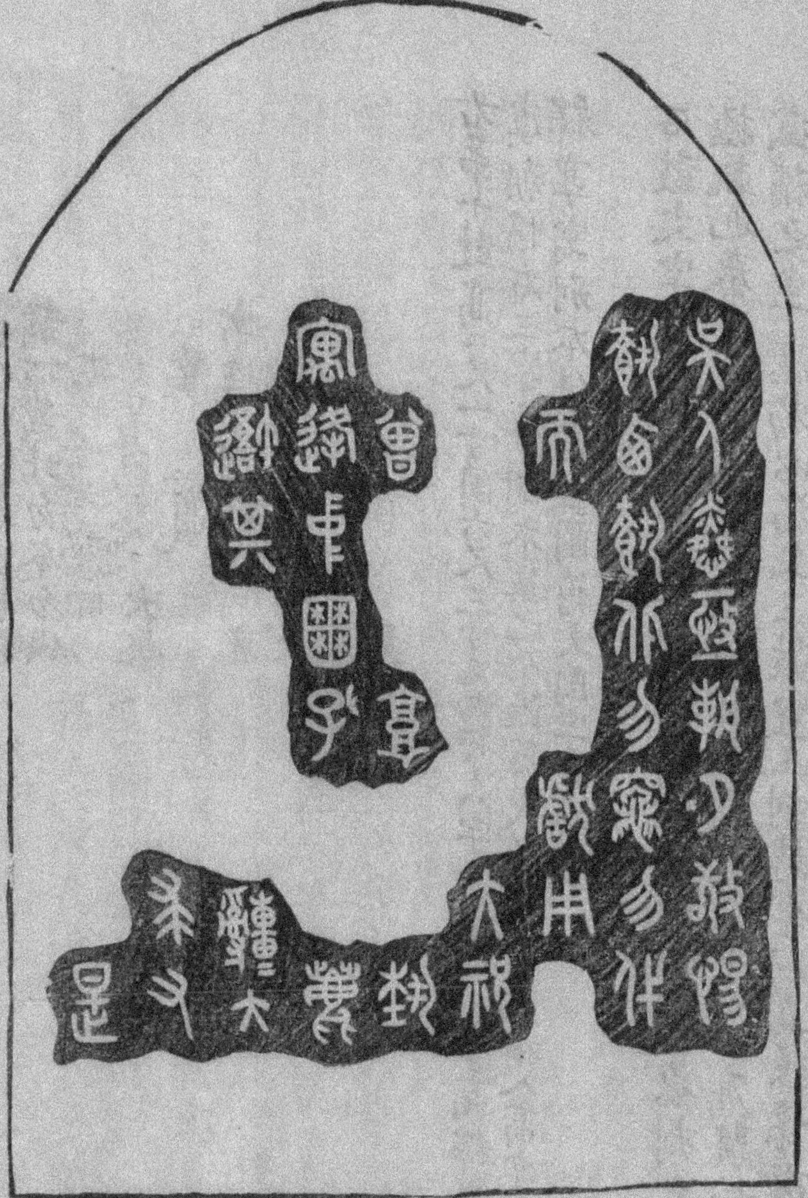

邃古堂藏

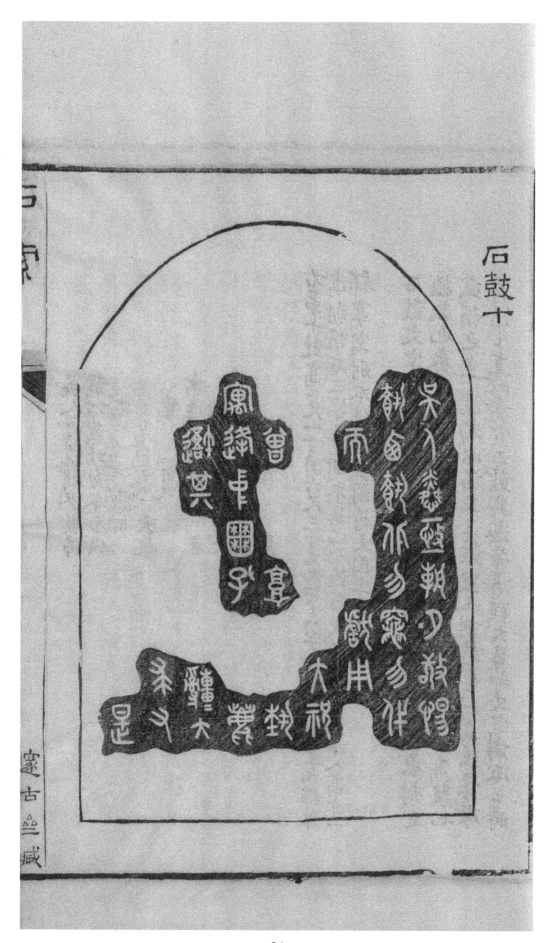

吴人憐亟朝夕敬惕
載西載北勿奄勿伐
而　獻用
大祝
曾　高　鹿
寓逢中囿孔　暳大〻
遊其　求又
是

右第十鼓高二尺一寸圍六尺三寸凡九行〻八字重文一　吴王氏釋作虞朝惕奄三字天一閣本無之今從薛氏及法書苑補入高字一釋享寓别本俱作盗圖籀文囿字見說文

石鼓文字雄視百家超今邁古洵成周之鉅制篆刻之極軌也秦漢以来遺佚陳倉田野中未顯于世至唐賢始盛稱之韋應物以為文王鼓宣王刻詩李嗣眞張懷瓘韓退之直以為宣王鼓其後董逌程大昌等又定為成王時

鼓狀以車攻之詩合史籀之篆其為宣王獵碣有斲〻不爽者鄭漁仲據丞毆二字以為秦鼓馬定國據大統之獵以為後周物在王厚之已力言其非歐陽脩既謂史籀書又以為三可疑趙古則以為王不足疑楊用脩得可証者九乃極詆歐陽氏斥其無所忌憚持論甚激而所載石鼓全文云得唐人拓本於李文正者多至七百二字其字句位置從〻與現存石鼓齟齬則又不足信也薛氏鄭氏施氏傳刻互異至潘氏音訓僅存三百八十六字惟鄞縣范氏天一閣所藏北宋舊拓四百六十二字稱善本焉方石鼓之散在陳倉也韓吏部為博士時嘗請於祭酒欲以數橐駝輿致太學不從迨至鄭餘慶始遷之鳳翔孔廟中經五代之亂又復散失宋向傳師搜訪足之大觀中歸於京師道君金填其字宮殿奉之完顏剔去其金泥沙棄之此石鼓之大劫也假令當日從昌黎之請早歸太學著為考釋壽諸貞珉其所謂毫髮盡備無差訛者當更足信今而傳後何至東坡之時得一二

遺八九如娟〻缺月隱雲霧亂沿元及明雖列國學潘吾
而外未有表章惟我
高宗純皇帝右文稽古老而彌篤于乾隆五十五年考論石鼓
御題篇章并刻昌黎詩於碑使共曉然于周宣之制又復
欽定石鼓首尾二詩截長補短
命大學士彭元瑞足成十章石鼓之文仍歸石鼓蕭括闕深有完無
缺於是舊石鼓與新石鼓竝峙成均昭垂萬禩洵曠古希
逢之會也而檮昧者猶惑于僞劉詞臣馬定國之說以為宇文
周所刻試觀宇文石刻具在如保定造像大象摩厓之屬文
從隸楷詞復淺顯與石鼓文有一字一畫相似否而贅謬若
此則眞無忌憚者矣嘉慶二年阮制軍元督學兩浙時
取天一閣宋拓本臨刻杭州府學無有遠邇咸俾來觀其
嘉惠者不少鶣不揣固陋縮成斯刻亦以天一閣為宗間从
薛氏潘氏補入數字亦必與泐痕相合其筆畫之古勁則
非臨摹所能及也檇元之廟石鉦石鉞石鼓蔡邕銘詞雖

不可見而楊用脩所述十章完備亦不敢取前人題句云余繩鐵索相鈎連鈄鈄嗣孫小篆祖斯言可尋味矣

殷比干墓題字

石高建初尺二尺七寸廣二尺二寸半 四字二行在衛輝府汲縣

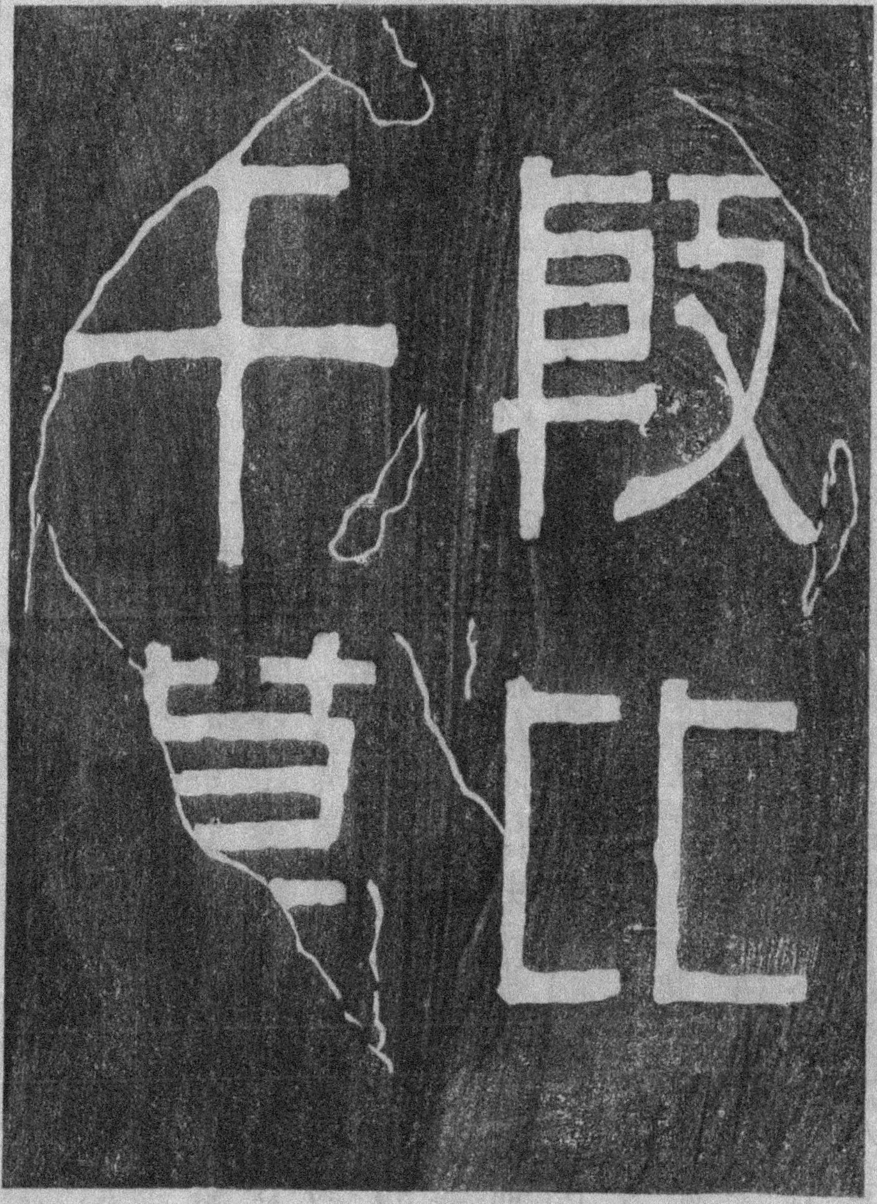

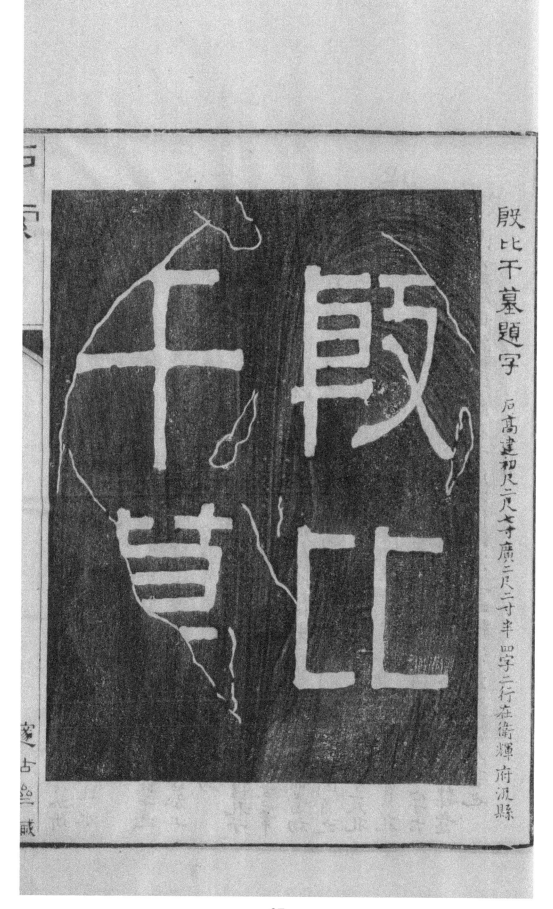

隸釋云水經注殷大夫比干冢前有石銘題隸云殷大夫比干之墓所記惟此今已中折不知誰所誌也大觀中會稽石國佐有此四字比水經又闕其三字畫清勁乃東漢威靈時人所書歐趙皆未之見漢隸字原云水經注朝歌縣牧野比干冢前有石銘隸云殷大夫比干之墓今只四字復不完石公弼跋云殷比干墓四字在今衛州比干墓上世傳孔子書然隸法始于秦非孔子書必矣字畫勁古當是漢人書鵬按曹安比干錄云殷比干墓四字碑年深石斷字畫不全世傳孔子所書今此碑現存觀其體勢与周穆王吉日癸巳相類其為古筆無疑謹用摹鐫以暴于世觀此則今所傳者乃曹安摹刻非當初原石若原石則字宜直書不宜分兩行且墓字已闕角不應闕角之外尚有餘石也又劉青藜續金石錄云比干為殺身成仁之第一人孔子是其族孫為之標識宜也以疑傳疑亦無不可鵬謂此說亦負孔子嘗為季札題墓篆長而方此在篆隸之間亦復方勁其殷字大九寸又旁作攴漢末無此隸法或源出孔書但漢人摹刻故含隸意後又不全故將四字臨存方石不得以洪婁之辨泥為東漢人書也

敬臨孔丘書吳季子墓碑

烏乎有吳延陵君子之墓

延陵季子碑十字在今江南常州府江陰縣之申港攷延陵為吳季札所封邑在西漢為毘陵東漢為晉陵隋攷常州唐亦曰晉陵武德三年徙延陵置故縣即今潤州之延陵鎮其於孔子所書季子墓碑歲久湮沒開元中勅殷仲容摹刻之大歷十四年潤州刺史蕭定重刻石延陵廟中朴佑謂曲阿延陵季子廟非古之延陵古延陵在晉陵縣其說明甚宋崇寧元年朱君彥未守常州即訪得季子墓在晉陵縣北七十里申浦之西申浦在暨陽門外廿里申港即今江陰縣畍港側有季子廟及大墓因摹立是碑于墓而為之記治乃于今碑已仆碎重整立之錫山陸子孟岩搨是碑見贈且云異見此碑斷裂處為庚瓦所填皆白痕久之化成紅暈今幾泯合無跡與夫非神靈式憑不及此碑字高尺許縮臨之付于梓

又攷淳化帖載魯司寇仲尼書十二字

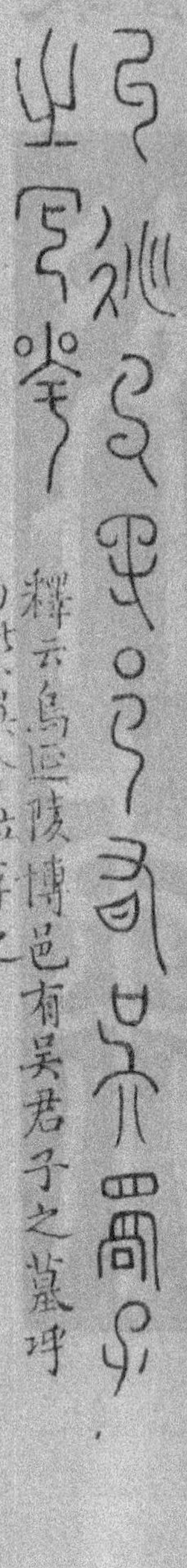

釋云烏延陵博邑有吳君子之墓坪

与此小異今並存之

秦詛楚文

有秦嗣王敢用
吉玉宣璧使其
宗祝邵鼛布愍
告于不顯大神（即丕）
巫咸及大沈久（史記楚懷名）
湫以底楚王熊（熊槐此作熊相小異）
相之多皋昔我

遂古盦藏

先君穆公及楚

成王是繆力同

心兩邦以（或作若）壹絆

以敯⿰因攵（即婚姻）袗以齋（即齋）

盟曰葉萬子孫

毋相為不利親

即不顯大神巫

咸大沈久湫而

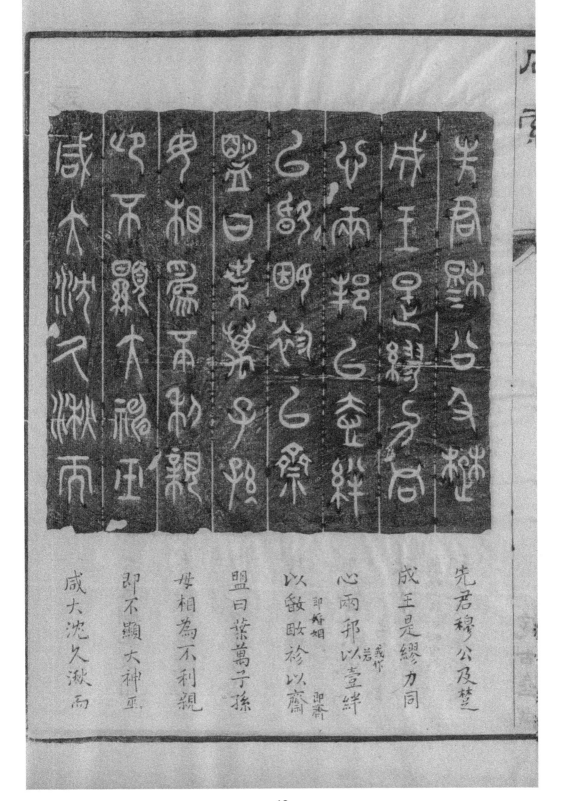

質焉今楚王熊
相康回無道淫
佚甚亂宣夸競
從變輸盟制內（即渝）
之則虣虐不辜
刑戮孕敹幽剌（即婦）
敹戚拘圉其𦘔（即親）
父宲者冥室櫝（即諸）

棺之中外之則
冒改乃心不畏
皇天上帝及不
顯大神巫咸大
沈久湫之光烈
威神而兼倍（背同）十
八世之詛盟率
諸侯之兵以臨

加我郤（郤字繹史作欲〻从谷从邑非欲字）鄰伐我
社稷伐滅我百
牲（即姓）求蔑法皇天
上帝及不顯大
神巫咸大沈久
湫之郇祠之以
圭玉羲牲（即犧）逑取
𨓈（即我）邊城新郢及

鄔長敎我不敢

曰可今又悉興

其衆張矜億怒

飾甲底兵奮士

盛師以偪我邊

競（即境）將欲復其兇

迹唯是秦邦之

嬴衆敝賦鞈輸

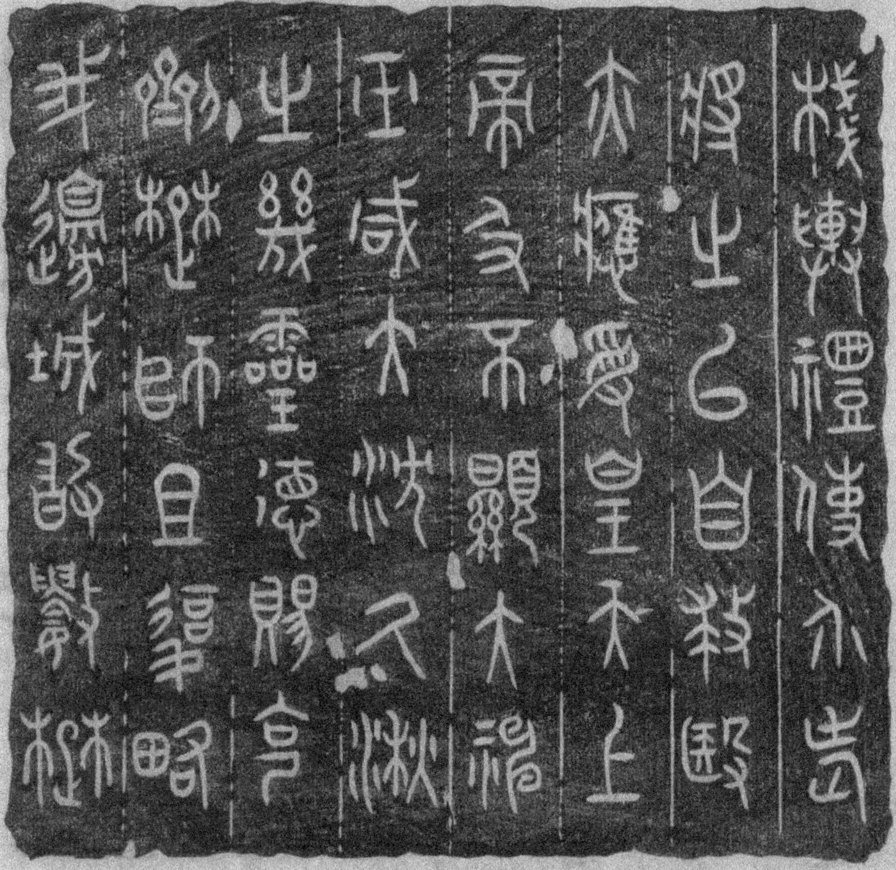

棧輿禮使介老
将之以自救也
亦應受皇天上
帝及不顯大神
巫咸大沈久湫
之幾靈德賜克
（舊釋劑非）劑楚師且復畧
我邊城敢數楚

石索五 碑碣

鄉長敎我不敢
曰可令又悉興
其衆張矜億怒
飾甲底兵奮士
盛師以偪我邊
競將欲復其晄（即境）
迹唯是秦邦之
羸

亦應受皇天上
帝及不顯大神
巫咸大沈久湫
之幾靈德賜克
舊釋刜柔
劑楚師且復畧
我邊城敢數楚

邃古亝藏

王熊相之倍盟
犯詛著石章以
盟大神之威神

詛楚文詞氣横縱佀國策篆法淳古佀鐘鼎有議為僞者非也集古録王伯順云詛楚文凡三曰久湫曰亞咸曰亞駝其詞則一惟告於神者隨號而異史記世家年表秦自穆公十八世惠文王与楚懷王同時争霸此詛為懷王也懷王十一年六國攻秦楚為從長此文曰熊相率諸侯之兵以臨加我是也後五年張儀以商於之地欺楚絕齊楚發兵攻之曰倡我邊境是也是歲秦遣庶長章拒楚文曰使介老將之以自救是也此文之作當在惠王後元十三年

秦泰山石刻殘石

此真秦刻止存十字斯臣去疾直連四字為一石昧死臣請矣臣橫連六字為一石在泰山頂東嶽廟之寶斯亭

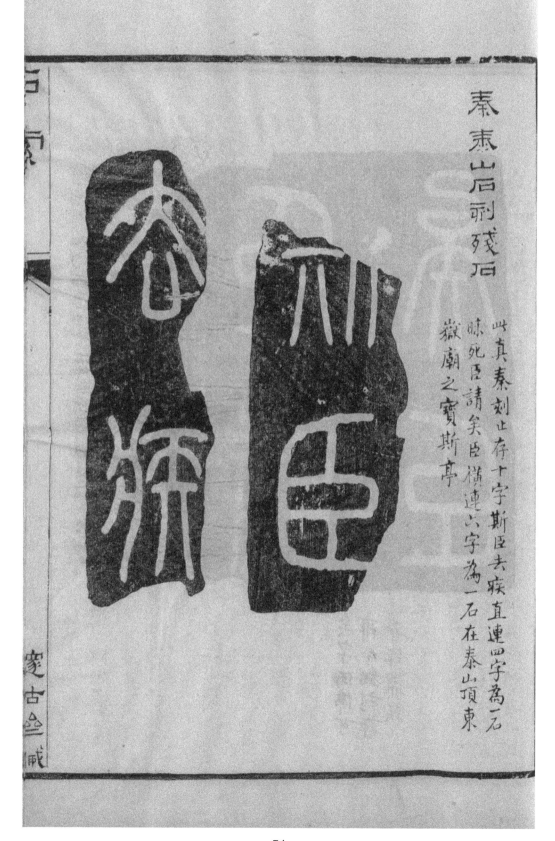

矣字倆佛可
辨今翻刻許
本作帍誤

翁覃谿先生云原石四面環刻斯臣去疾四字在南向第二段之第一行昧死臣請矣臣六字是其後三行之首二字又云岱頂泰篆宋汶陽劉斯立作譜至明吳同春所記僅存劉譜之半矣其後北平許於榛莽中得廿九字嵌置碧霞元君廟東廡之壁至乾隆五年庚申燬于火今又七十餘年知泰安縣事常熟蔣君於廢池址别得此殘石二片尚存十字仍以嵌諸壁是真刻之僅存者

泰安明府汪夢岩（汝弼）題云李斯篆二世詔宋大觀間劉跂親至岱頂摹其全文雖殘缺剥落然首尾完具不可識者無幾明都元敬猶見全文後嘉靖間北平許某於榛莽中移置碧霞宮東廡僅存二十九字即顧亭林所見本乾隆五年碧霞宮災此石遂失後人摹刻于岱廟邑人聶劍光又别摹二石于縣署土地祠原拓世不多得錢辛楣少詹載入金石跋尾洪稚存編修詩所謂欲將一字比一星二十八宿應添伐也嘉慶甲戌春予自濟陽移知泰安并岱廟本亦佚惟存土地祠聶本雖仿明拓而神氣已非猶優孟之於叔孫矣棣石生司理言及岱頂有趙老人者年九

十餘數十年前登玉女池曾見其中殘石依稀有字然余心動以告
蔣君伯生率崇生蘭阜縋井搜得殘石二函神采奕然亟為嵌于
山頂東岳廟壁惜芊楣稚存諸先輩未及一見耳
昭文孫子瀟原湘題詩云萬物不歷劫不古不足珍古物不歷劫雖
古不覺新不見泰山秦刻出斯手遠黎聽體史謬糾詳下全碑宋猶完
璧明碎瓊二千年字存廿九重瞳一炬燔秦宫秦碑既亦遭祝融姬
家火德為秦滅天亦報秦多火攻殘星熒〻一十點七十八年潛水中
寧無好古士碑沒才生碑出死畜眼白頭未睹此〻石入水能不濡蔣
侯象罔能求珠惜十九字不可覓想已委付咸陽墟俄宗蔵〻跨
齊魯剝此韓陵石堪語金文雖遜汝陽劉題跋猶過北平許
不見鄒嶧山頭刻石文拓跋推倒野火焚之果山頭兩石今猶在
為煙与雲此十字者逃出水火劫石齊文應答子葉接募一紙寄人
閒獄〻倒紛〻漢晉帖
嗚呼嘉慶己卯春登岱頂觀初出日信宿此十字殘碑下拓其文依樣
刻之如右其偽刻廿九字者乃磨去登嶽迴文詩碑刻此舊痕猶露其中無出
作贗余作余寔大紕繆不但優孟而已故另為集補全碑于後

集補泰山石刻全文

泰山石刻止存真跡十字餘無可補朕全文具載史記其縮刻于絳帖者猶存十之七八今參以繹山琅邪詔以說文追摹斯法集補四面全文以便觀覽

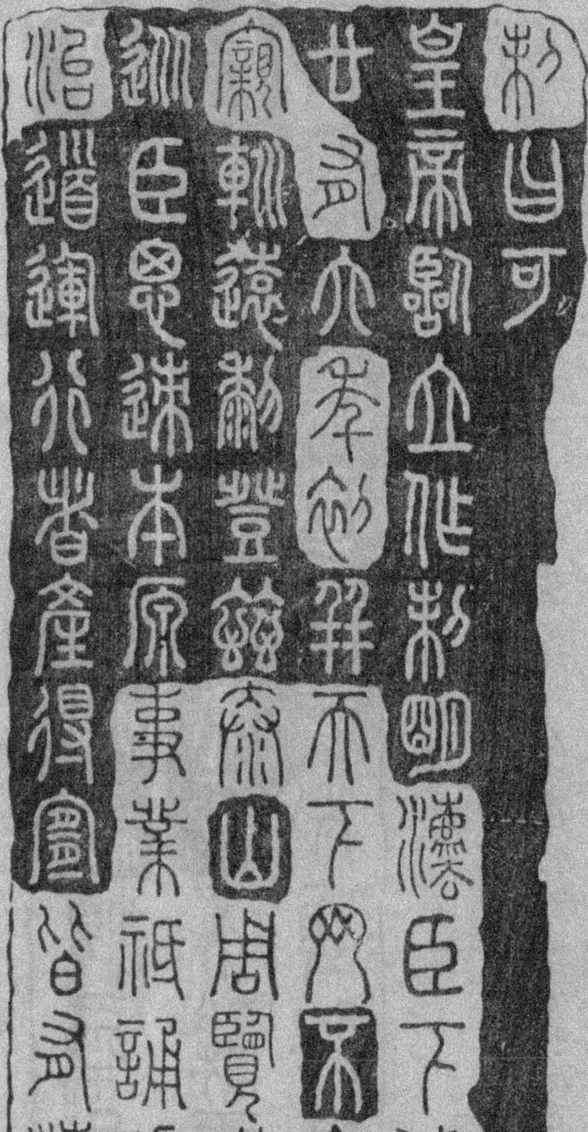

右石西面六行凡六十三字

右石北面三行凡三十六字

箸即著陸即隆碧落碑藩度惟除字本於此廣川書跋

誤識為陸且以為不應爾云云謬甚已不識字而責人乎哉

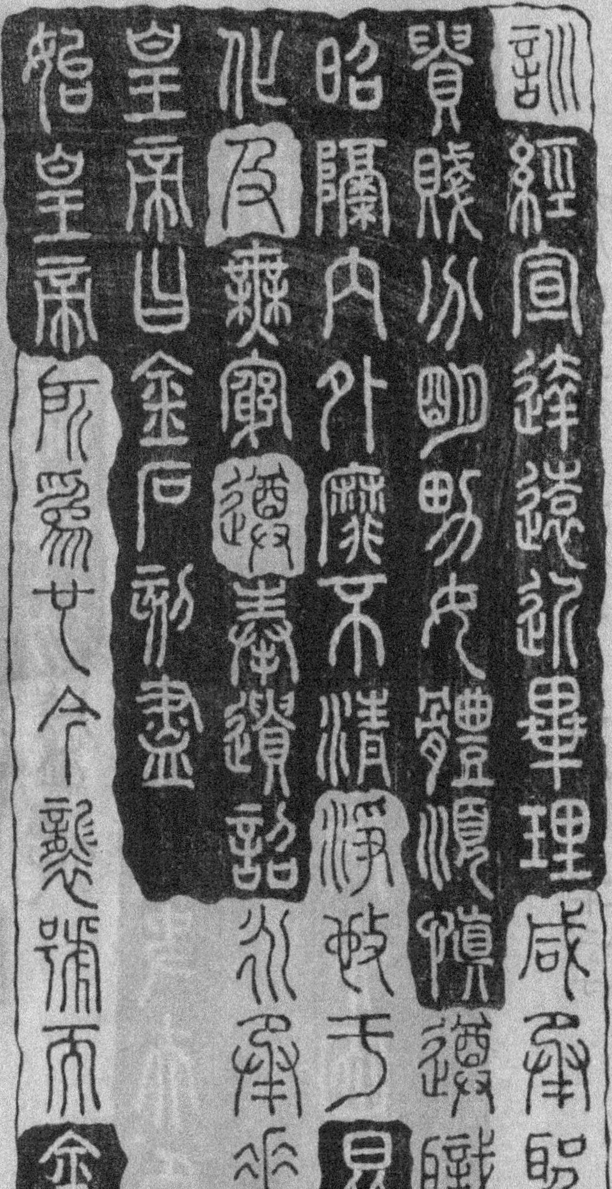

右石東面六行凡六十七字

隔即隔內外廳有隔別方今下文清淨廣川書跋以為融謬甚

施字石缺按說文旇旗皃旇敷也今以敷施之施補之

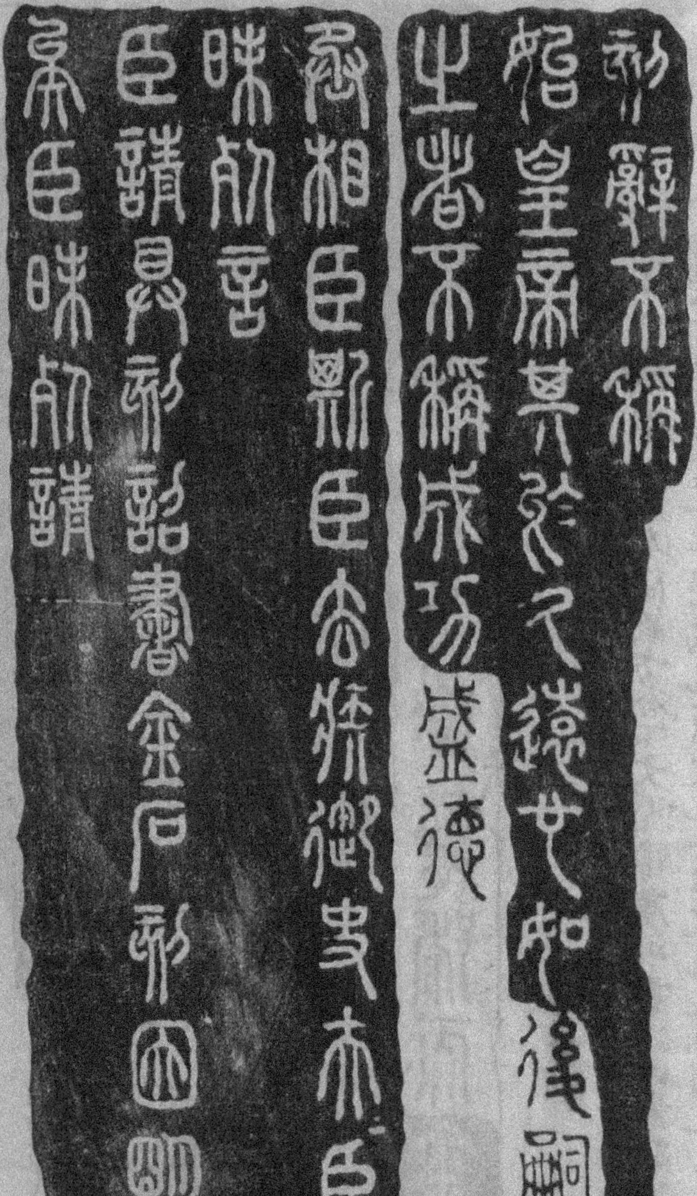
刻辭不稱
始皇帝其於久遠也如後嗣為
之者不稱成功盛德
丞相臣斯臣去疾御史大夫臣德
昧死言
臣請具刻詔書金石刻因明白
矣臣昧死請

右石南面七行凡五十六字　四面共二百二十二字

史記頌詩四五六言不齊自以石刻為正

釋文

制曰可

皇帝臨立（即作字 史作位）作制明法臣下脩飭廿有六年（史作二十有六年）初并天下罔不賓服親巡遠黎（史作親巡遠方黎民）登茲泰山周覽東極從臣思迹本原事業祗誦功德治道運行者（即諸字）產得宜皆有法式大義著明（史作休明）陲于後嗣（史作垂于後世）順承勿革皇帝躬聽（史作聖）既平天下不懈于治夙興夜寐建設長利專隆敎誨訓經宣達遠近畢理咸承聖志貴賤分明男女體順（史作禮順）慎遵職事昭隔內外靡不清淨施于昆嗣（史作後嗣）化及無窮遵奉遺詔永承垂戒

皇帝曰金石刻盡始皇帝所為也今襲號而金石刻辭不稱始皇帝其於久遠也如後嗣為之者不稱成功盛德丞相臣斯臣去疾御史大夫臣德昧死言臣請具刻詔書金石刻因明白矣臣昧死請

按泰山石刻先在岳嶽頂玉女池上後移置碧霞元君祠東廡石高四尺廣狹不等凡二十二行〻十二字宋大觀間汶陽劉跂親為摩拓乃字二百二十有二今劉跂本既不可見而明人北平許氏所摹廿九字又被近人

飜刻失寔惟絳帖尚存其大半合之史記適全其文其以制曰可三字冠於第一行者金薤琳琅云刻文從西而北而東而南其末行復轉刻於西南稜上是也但它刻皆直接昧死請之下此獨提行而冠于首未始非尊君之意即以為第一行亦可

秦琅邪臺石刻

琅邪臺在青州府諸城縣之東南百六十里臺三成三面環海碑在海神祠石高丈五尺字在碑中偏西凡十三行八十六字重文三

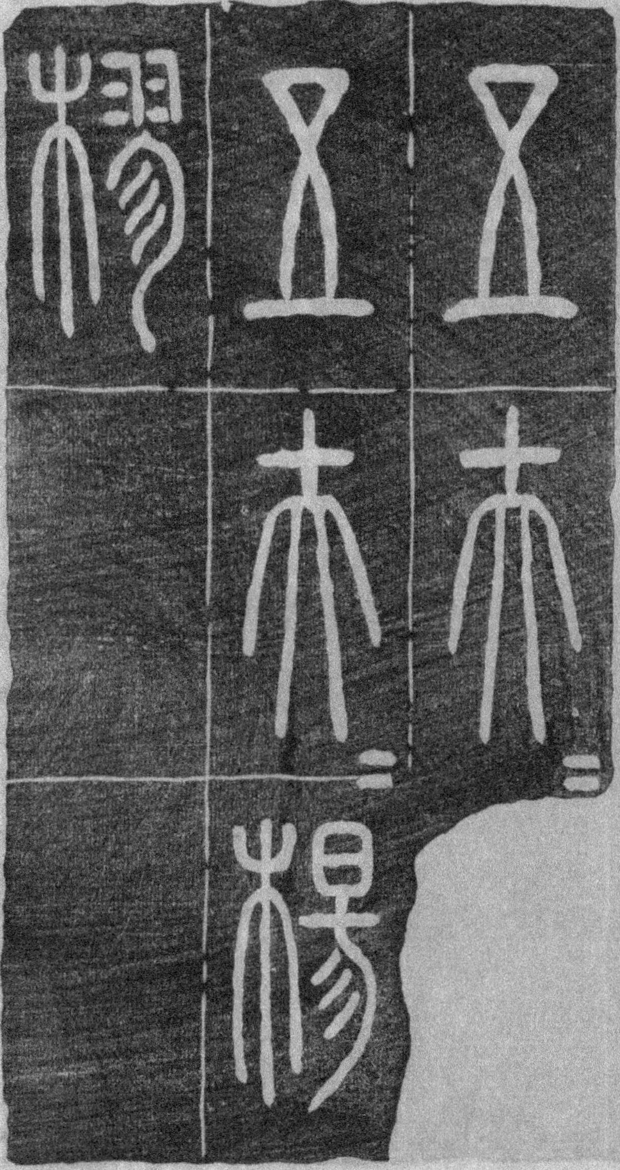

五大〻 大下重文為夫字夫下缺趙嬰二字

五大〻楊

樛

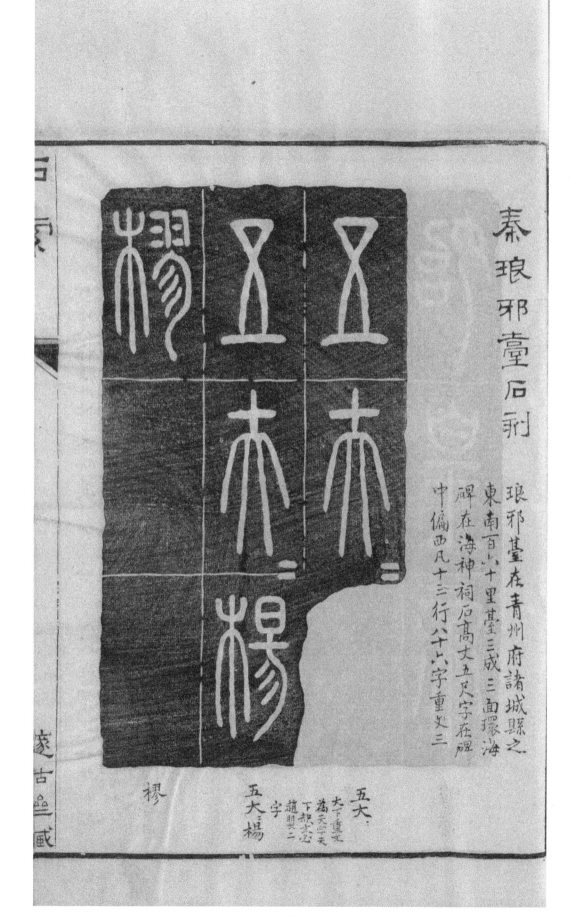

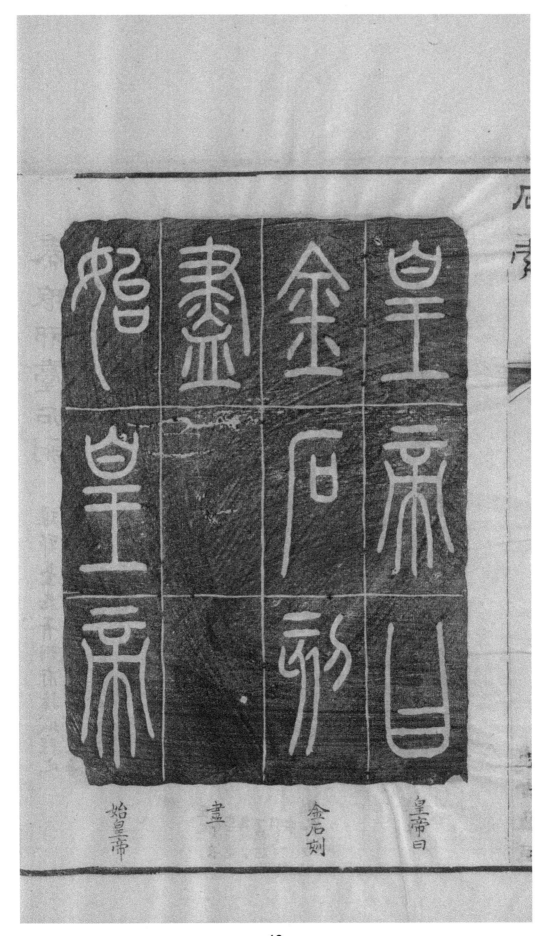

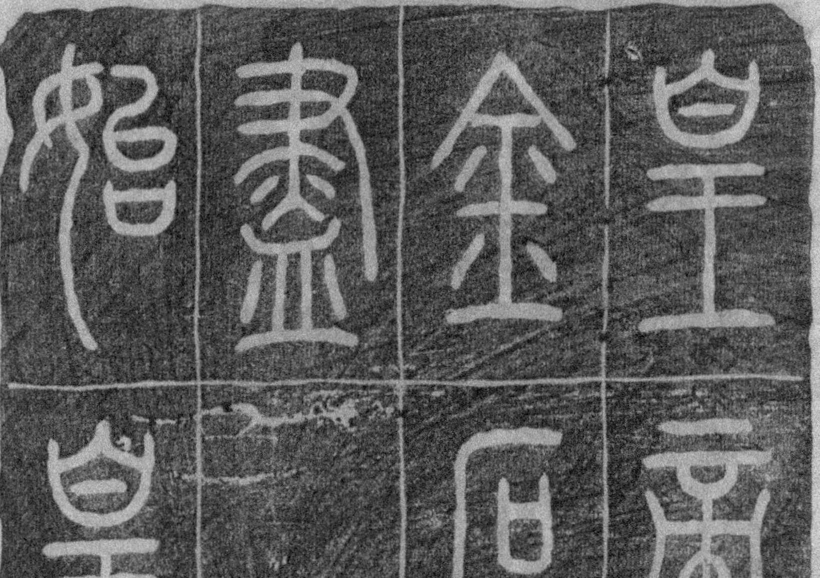

皇帝曰

金石刻

盡

始皇帝

所為也

今襲號

而金石

刻辭不

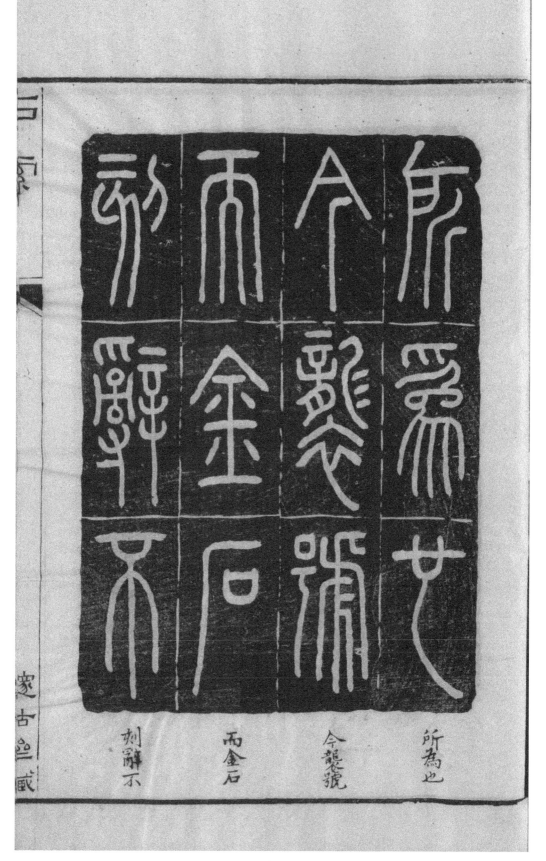

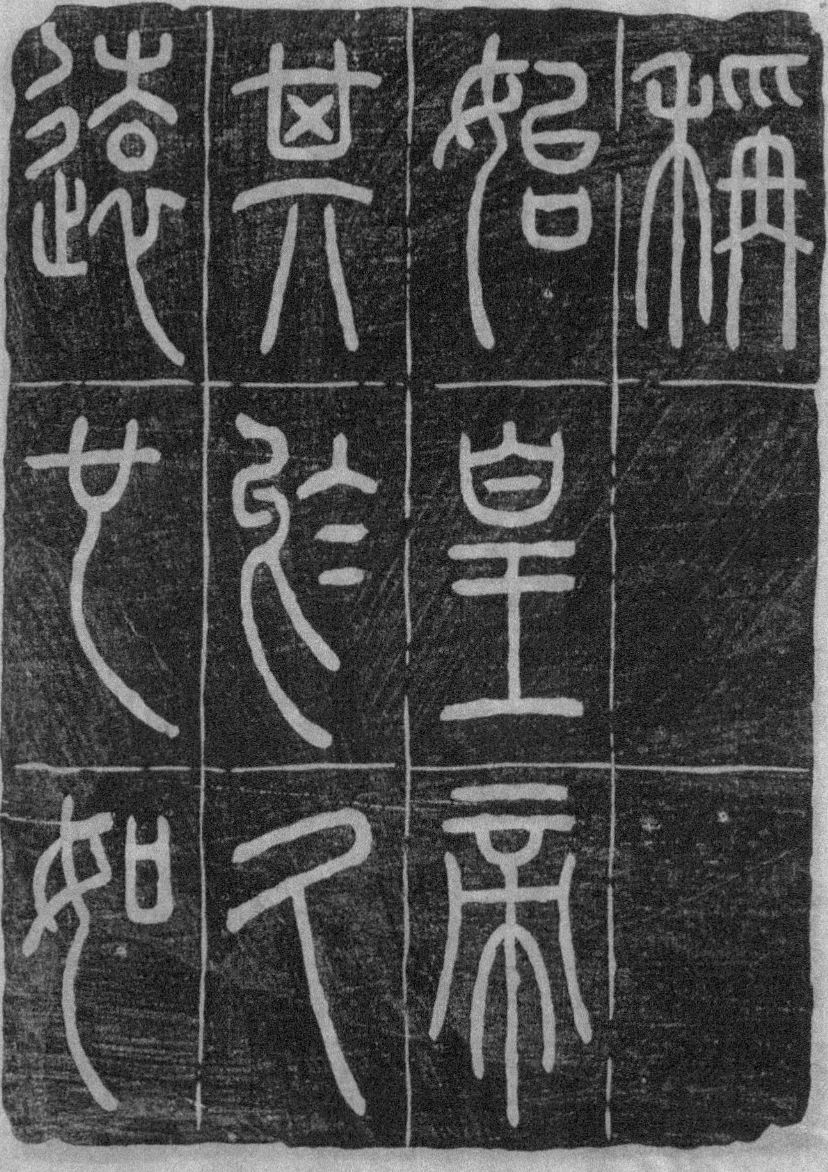

稱
始皇帝
其於久
遠也如

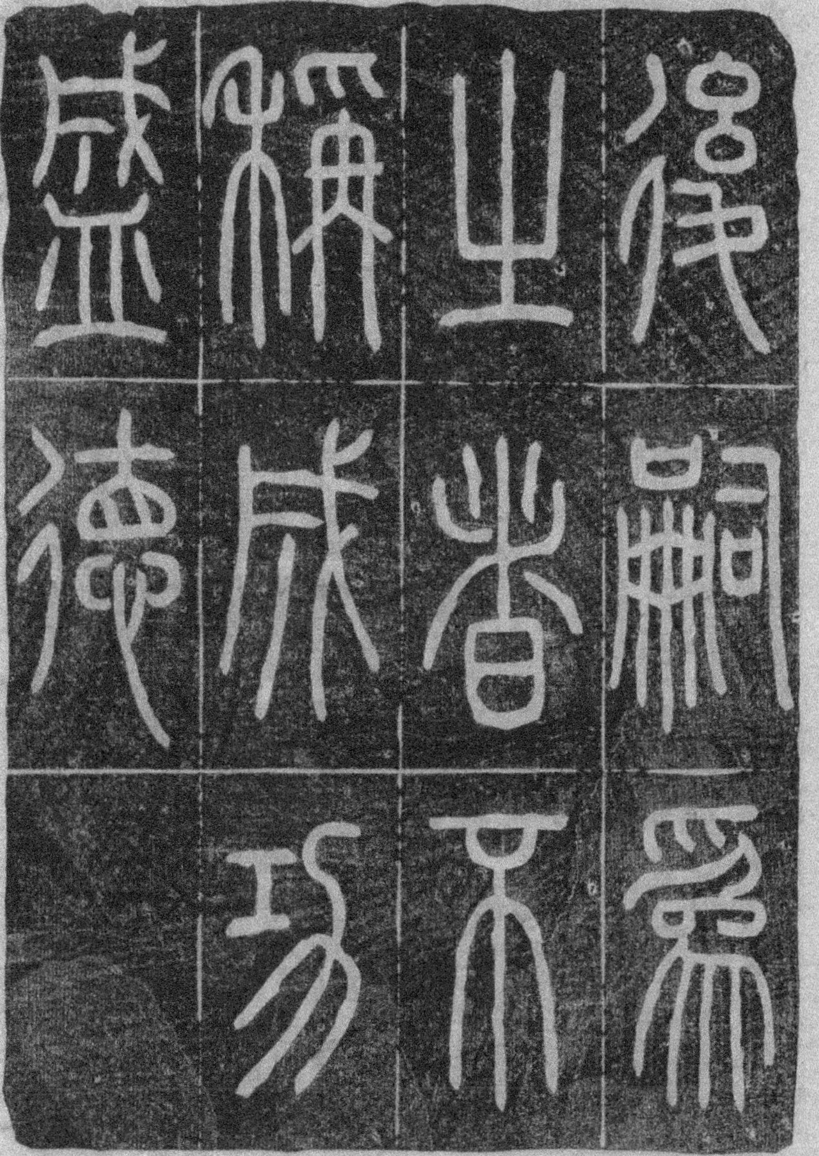

後嗣爲 之者不 稱成功 盛德

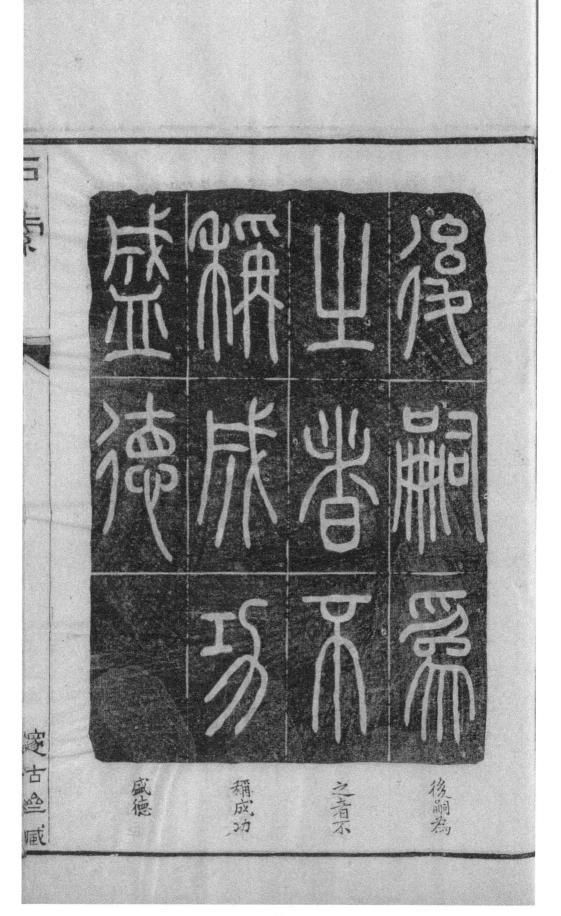

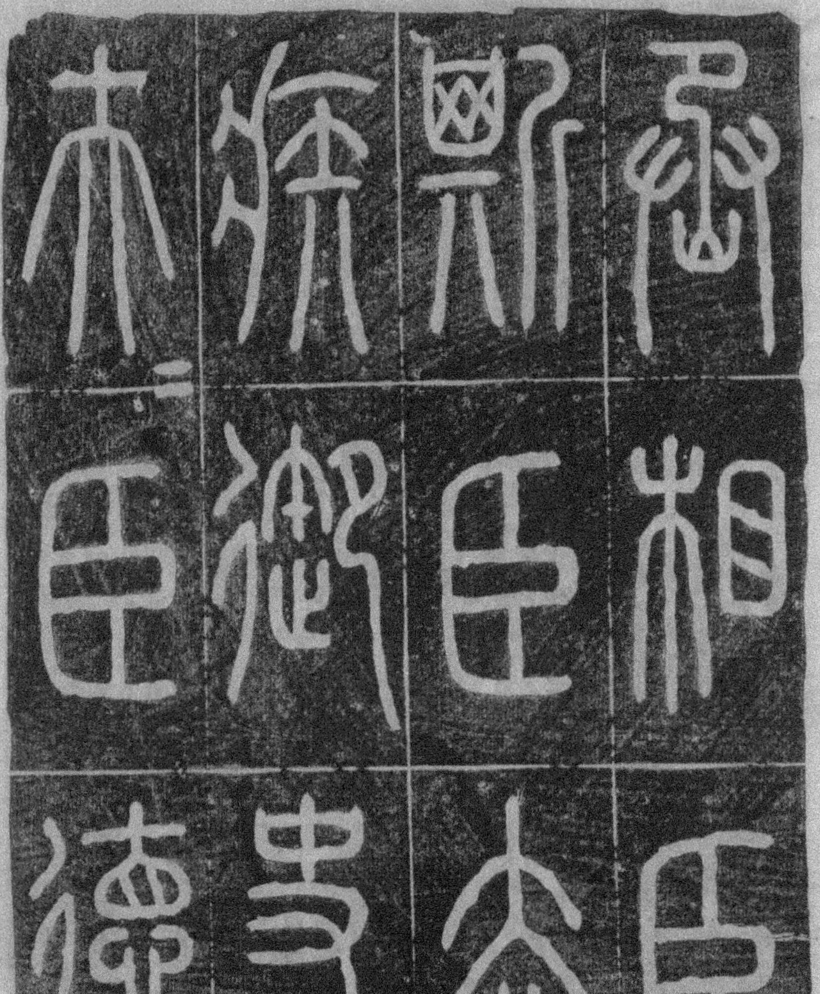

丞相臣
斯臣去
疾御史
大夫臣德

昧死言

臣請具

刻詔書

金石刻

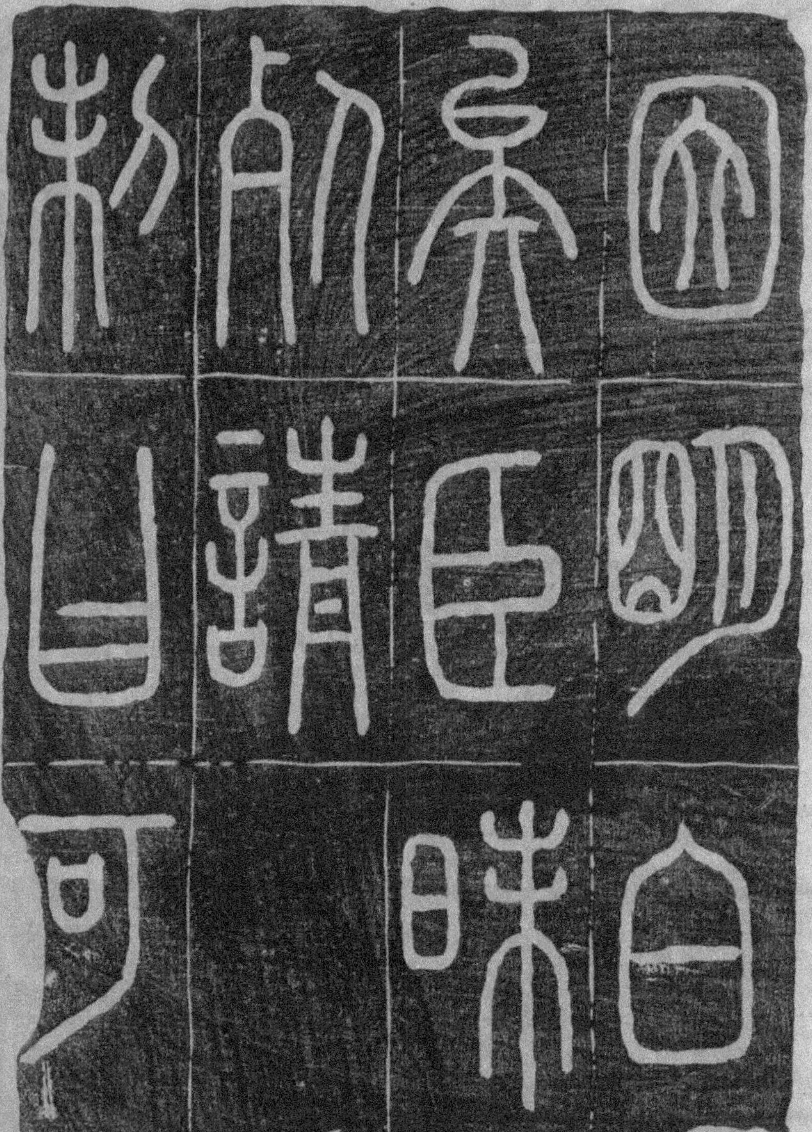

因明白

矣臣昧

死請

制曰可

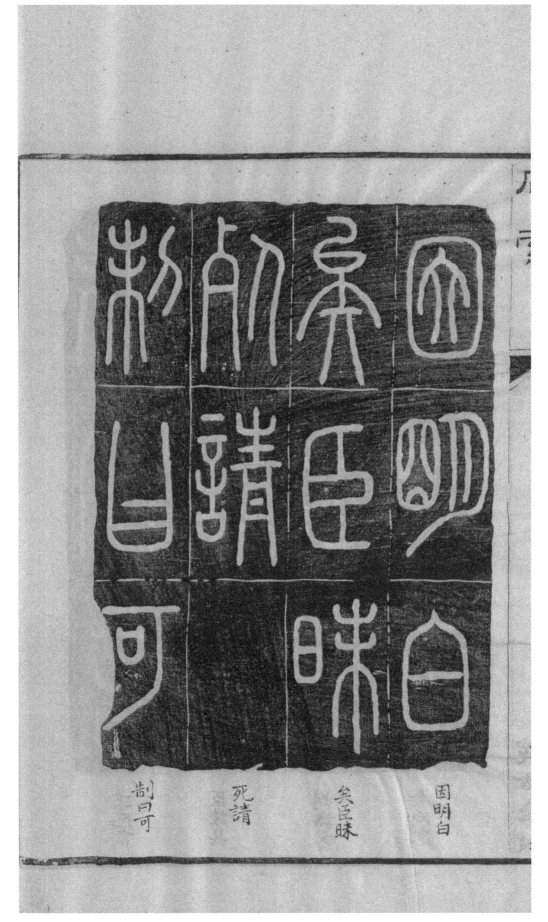

金石志云碑裂寸許前知縣事泰州宮懋讓鎔鐵束之得以不頽前知縣傖父某于碑南面磨去始皇頌詩自利長天一色四字同一有事于此而學不學分矣今所存者二世從官名及詔書都元敬金薤琳琅所載宋莒公刻本十七字皆頌詩中語今亦無存

鵬按此刻極泐難辨裂痕與字畫相亂無從措手姑將善本合泰山殘石倆佛臨摹其原本十四行行八字第三為空行今分作三十一行行三字字如其小大欲存其佀也細玩之古秀有骨與泰山殘石十字相同不比嶧山碑廓落洵屬前李手筆為後李所宗法者在始皇本不足頌故頌詩難免傖父磨去之刼但其文其字固未可毀且未見全文難知真未今抄出本紀始悟始皇頌詩三百十字其文甚長又加以從官姓名自是南面不能盡刻故轉折而西而北至楊樛而止下空一行另刻二世詔方為明順與泰山石環刻相類則五大夫二行當仍為始皇從官非二世從官也

附錄史記始皇本紀

二十八年南登琅邪大樂之留三月乃徙黔首三萬户琅邪臺下復十

二歲作琅邪臺立石刻頌秦德明得意曰維二十六年應作維廿六年皇帝作始端平法度萬物之紀以明人事合同父子聖智仁義顯白道理東撫東土以省卒士事已大畢乃臨于海皇帝之功勤勞本事上農除末黔首是富普天之下摶心揖志器械一量同書文字日月所照舟輿所載皆終其命莫不得意應時動事是維皇帝匡飭異俗陵水經地憂恤黔首朝夕不懈除疑定法咸知所辟方伯分職諸治經易舉錯必當莫不如畫皇帝之明臨察四方尊卑貴賤不踰次行姦邪不容皆務貞良細大盡力莫敢怠荒遠邇辟隱專務肅莊端直敦忠事業有常皇帝之德存定四極誅亂除害興利致福節事以時諸產繁殖黔首安寧不用兵革六親相保終無寇賊驩欣奉教盡知法式六合之內皇帝之土西涉流沙南盡百戶東有東海北過大夏人迹所至無不臣者功蓋五帝澤及牛馬莫不受德各安其宇維秦王兼有天下立名為皇帝乃撫東土至于琅邪列侯武城侯王離列侯通武侯王賁倫侯建成侯趙亥倫侯昌武侯成倫侯武信侯馮毋擇丞相隗林丞相王綰卿李斯卿王戊五大夫趙嬰五大夫楊樛

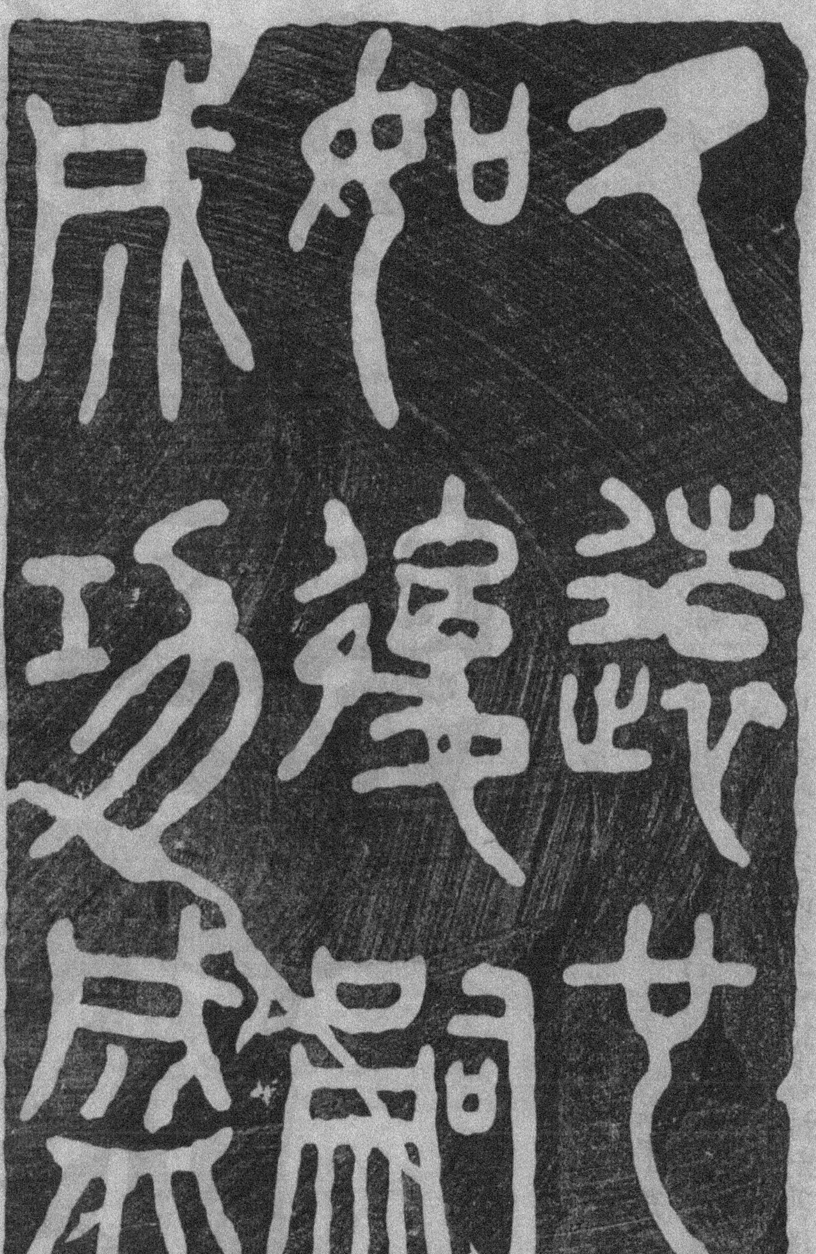

秦之罘石刻殘字

之罘山在登州府文登縣東北界石刻久淪于海今據汝帖存十四字

按始皇本紀廿八年登繹山泰山刻所立石乃並勃海以東過黃腄窮成山登之罘立石頌秦德而去廿九年登之罘刻石其辭云維廿九年時在中春陽和方起皇帝東游巡登之罘臨照于海云云其東觀曰維廿九年皇帝春遊覽省遠方逮于海隅遂登之罘昭臨朝陽觀望廣麗其末云羣臣嘉德祇誦聖烈請刻之罘二碑中皆無此十四字此乃二世詔書補刻其後者唐時猶存數字今併亡之泐矣古刻之難見也

秦繹山碑

古刻久亡此從宋鄭文寶摹本
在西安府學

動旁從童婁壽碑云固不動心亦從童

廿有六年上薦
高號孝道顯明
既獻泰成乃降
專惠親巡遠方
登于繹山群臣
從者咸思攸長
追念亂世分土

建邦以開爭理
功戰日作流血
於野自泰古始
世無萬數陀及
五帝莫能禁止
迺今皇帝壹家
天下兵不復起

功戰即攻戰

災害滅除黔首
康定利澤長久
群臣誦略刻此
樂石以著經紀
皇帝曰金石刻
盡始皇帝所為
也今襲號而金

樂石者顏師古云以泗濱浮磬作碑也

經紀以上始皇誦詩皇帝曰以下二世詔字體微小

石刻辭不稱始
皇帝其於久遠
也如後嗣為之
者不稱成功盛
德丞相臣斯臣
去疾御史大夫臣
德昧死言臣請

徐廣曰去疾姓馮

樂石者顏師古云以泗濱浮磬作碑也

經紀以上始皇

小字二百

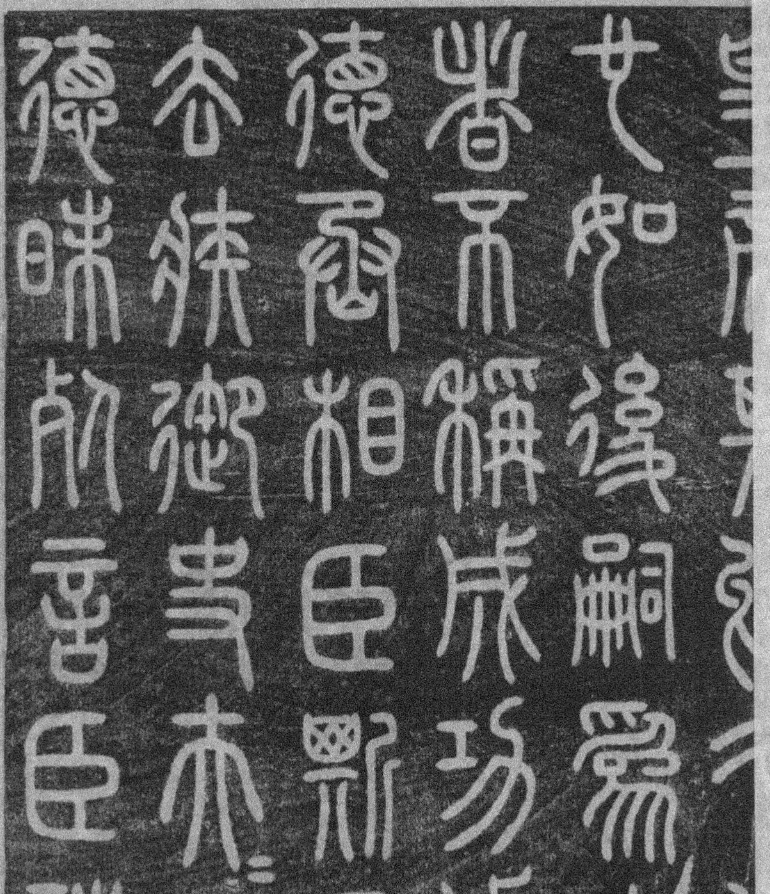

也如後嗣為之
者不稱成功盛
德丞相臣斯臣
去疾御史大夫臣
德昧死言臣請

徐廣曰去疾姓馮

釋文

皇帝立國維初在昔嗣世稱王討伐亂逆威動四極武義直方戎臣奉詔經時不久滅六暴強廿有六年上薦高號孝道顯明既獻泰成乃降尃惠寴輀即親巡遠方登于繹山羣臣從者咸思攸長追念亂世分土建邦以開爭理功戰日作流血于野自泰古始世無萬數他及五帝莫能禁止迺今皇帝一家天下兵不復起災害滅除黔首康定利澤長久羣臣誦畧刻此樂石以著經紀皇帝曰金石刻盡始皇帝所為也今襲號而金石刻辭不稱始皇帝其於久遠也如後嗣為之者不稱成功盛德丞相臣斯臣去疾御史大夫臣德昧死

言臣請具刻詔書金石刻因明白矣臣昧死請制曰可

鄭文寶記云秦相李斯書嶧山碑跡妙時古殊爲世重故散騎常侍徐公鉉酷耽玉箸垂老年時無以晚節獲嶧山碑摹本師其筆力自謂得思於天人之際因是廣求已之舊跡焚擲略盡文寶受學徐門粗堅心及之志太平興國五年春再案進士不中來適齋魯客鄒邑望嶧山求訪李碑邈然無覩還於由決悒悵于榛蕪之下惜其神蹤將墜于世今以徐所授摹本刊石于長安故都國子學庶博雅君子見先儒之指歸淳化四年八月十五日記

金石錄云秦嶧山刻石者鄭文寶得其摹本於徐鉉刻石置之長安世本是也唐封演聞見記云後魏太武帝登山使人排倒之邑人聚薪其下因野火焚之殘缺不堪有縣宰取舊文勒于石碑之縣廨今人間皆新刻本而杜詩直以爲棗木傳刻者豈別有本歟按史本紀二十八年始皇東行郡縣上

鄒嶧山立石与魯諸儒生議刻石頌秦德而其頌詩不載其他始皇登名山凡六刻石史皆具載其詞獨遺此文何哉楊士奇東里續集云嘗見陳思孝論嶧山碑翻本次第云長安第一紹興第二浦江鄭氏第三應天府學第四青社第五蜀中第六鄒縣第七 鵬按今沈州儒學又有明時翻刻本其字畫俱誤又在鄒縣之下迺取長安本 縮刻于此以正其趨

秦丞相李斯書　淳化帖所刻如此

田疇耕耨為政朞月而致法令使父子為鄒魯

淳化帖以為李斯書釋文曰之山左徐朝弼右亭集釋云此李陽冰篆王密所摸明州刺史河東裴公紀德碣中字也此帖乃摹其十八字以為斯書與碑中篆無銖黍差而未云不知何人書蓋未見此碑耳

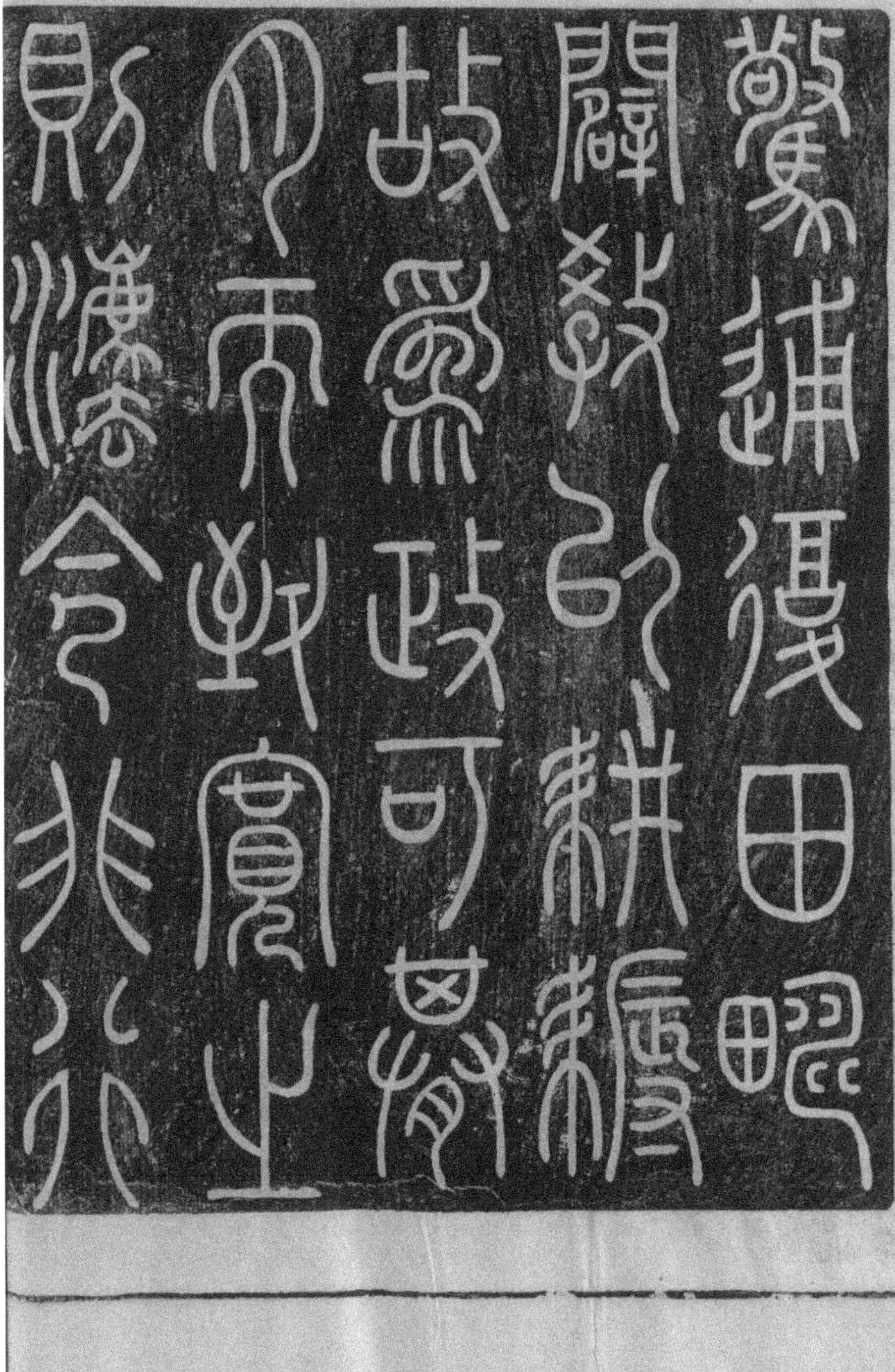

李斯書

绛州帖所刻如此

雝通復田疇闢敖以耕耨故為政可以春月而致寬之則法令非行公之則化夷俗鄙魯使父子長幼各得其宜

鵬按李監趙步斯翁今古一轍然亦能辨故閣帖所收十八字绛帖所收四十二字均以為李斯書寔則三庶子碑中語在古今法書苑已

邃古[illegible]藏

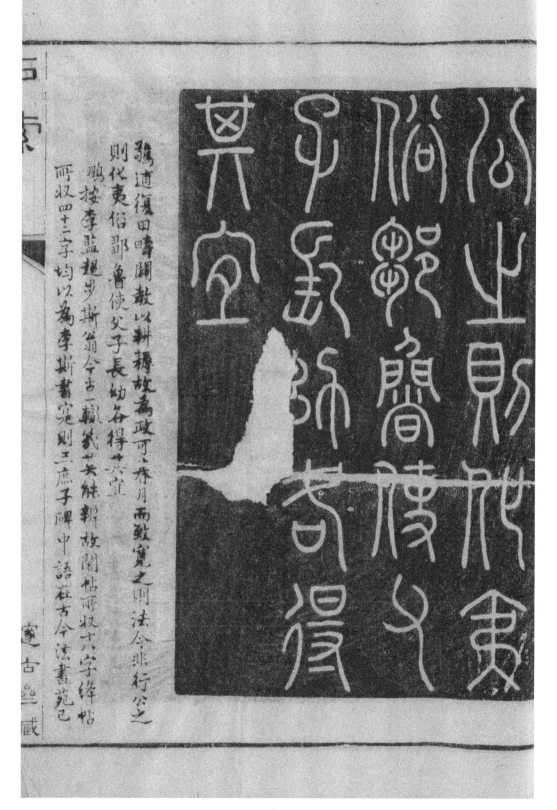

言之矣且其中田爲以致政俗等字又與庾公德政碑全肖其爲少温書無疑但未知前李果有是書而後李採用之耶抑後李自爲書耶茲姑仍二帖之舊俟訪得王庶子碑更爲移置耳

漢五鳳石刻 在曲阜 聖廟同文門西榻 字如原樣

原記

直靈光殿基西南卅步曰太子釣魚池蓋劉餘以景帝子封魯故土俗以太子呼之明昌二年詔修孔聖廟匠者取池石以充用土中偶得此石側有文曰五鳳二年者宣帝時號也又曰魯卅四年六月四日成者以漢書考之乃餘孫孝王之時也西漢石刻世為難得故予詳錄之使來者有考焉提控修廟朝散大夫開州刺史高德裔晏卿記

按金章宗明昌元年三月詔修闕里孔子廟二年春興工高氏云二年詔修者據興工時言也靈光殿搆于景帝之子共王餘此石乃餘孫孝王慶忌時刻則所云六月四日成者當別有工作非靈光殿始成也金石萃編云近人高鳳翰鉤本張氏鐫之於木字畫訛誤殆無足取鵬觀近時姚東樵臨刻曰宜堂帖中其魯字作魯亦誤金石略縮本將記中直字作置字劉餘作劍餘更誤併正之

漢建平郫縣石刻

陶南村古刻叢鈔摹本

建平五年六月郫

五官掾范功平史

石工毄徒要本長

廿五丈賈二萬五千

古刻叢鈔云西漢石刻字濶六七寸許長短不侔其文曰建平五年郫五官掾范功平史石工𢿝徒要本長廿五丈賈二萬五千此刻在永康過縣廨二里許道旁阸道丙戌余始得之荒萊中石三面凸凹刻隨其勢蓋孝哀時刻也建平止四年明年書元壽而不載改年豈詔未至蜀耶如孝獻初平止四年文翁柱記亦書五年之類其後僭叛踊建平者凡八如石勒慕容堅慕容德慕容盛劉義宣魯爽賊白馬氐斯賊王愉皆不在蜀西京末郫唐為信都五官掾故知為西漢石刻無疑

甘泉山漢刻殘字

石在揚州甘泉山惠照寺阮芸臺先生于亂石中尋得三石嵌置府學今摹其二石其一横石数字漫滅難分不録江鄭堂云漢厲王胥塚中石也甘泉山舊有厲王墓今土人呼為琉璃王墳琉璃即劉厲之訛此當是西漢石刻在五鳳後四年

一石四字　中殿第廿

芸臺先生引宋書載鞞鼓歌云中殿宜皇子謂中殿与東宮義近

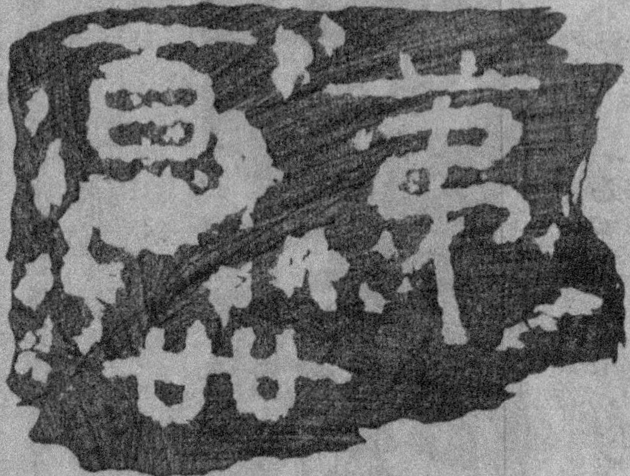

一石三字

第
百卌

字畫欹斜銛利与摩厓相佀

其二石高漢尺二尺六寸廣七寸一

石高九寸廣一尺三寸半 字大四

五寸不等

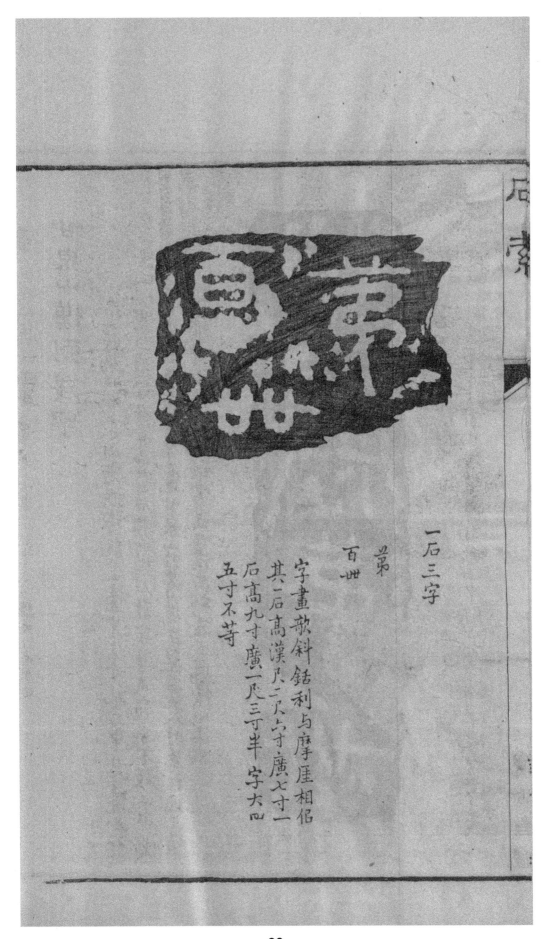

漢孝堂山畫像十石

在肥城縣西北六十里

弟一石

石室南向正面之東

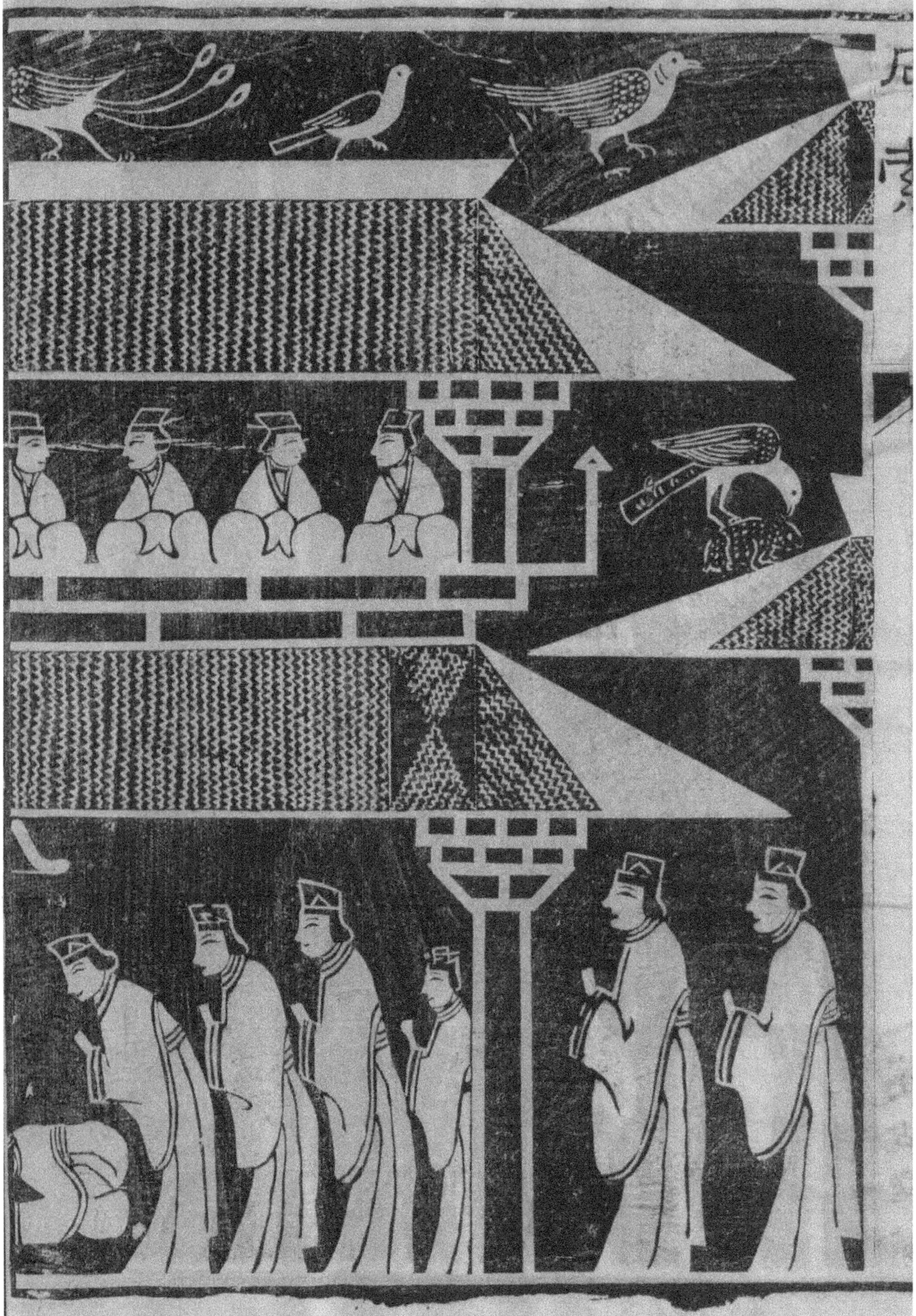

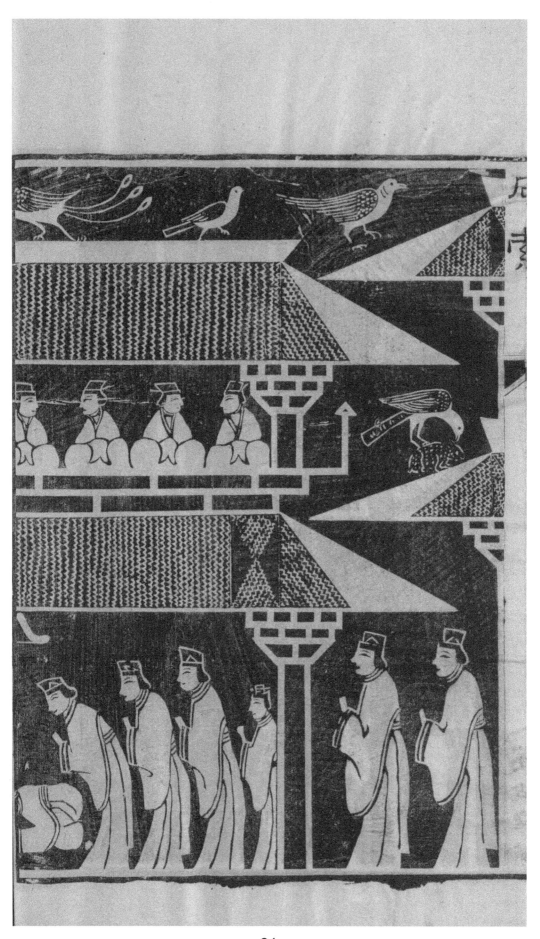

一石止畫未完

附錄碑內題字　此皆後人所題

大和廿三年十二月廿五日廣陵王太妃至此

國孫祁慶子孫忠孝

大和廿三年十二月二十五日廣陵王至此

月十一日末至不上

以下雜題無倫次

李休衎

北海郡下丕縣令

定州中山郡孫龍花觀

密州安丘王文龍王鯉

泰山陽高令春

此北魏時題記在面北上太和廿三年乃元詡高祖之末年廣陵王羽羽字叔翻諡曰惠為高祖之弟其太妃則獻文帝妃也史稱廣陵王羽以太和九年加侍中征東大將軍食渤海之東光二千户都督青齊光南青四州諸軍事其與太妃來登此臺宜矣

以字下尚有字不可辨凡此題字皆細如毛髮鎸刀而出之其外尚有青州廣及二千户等字不全不錄

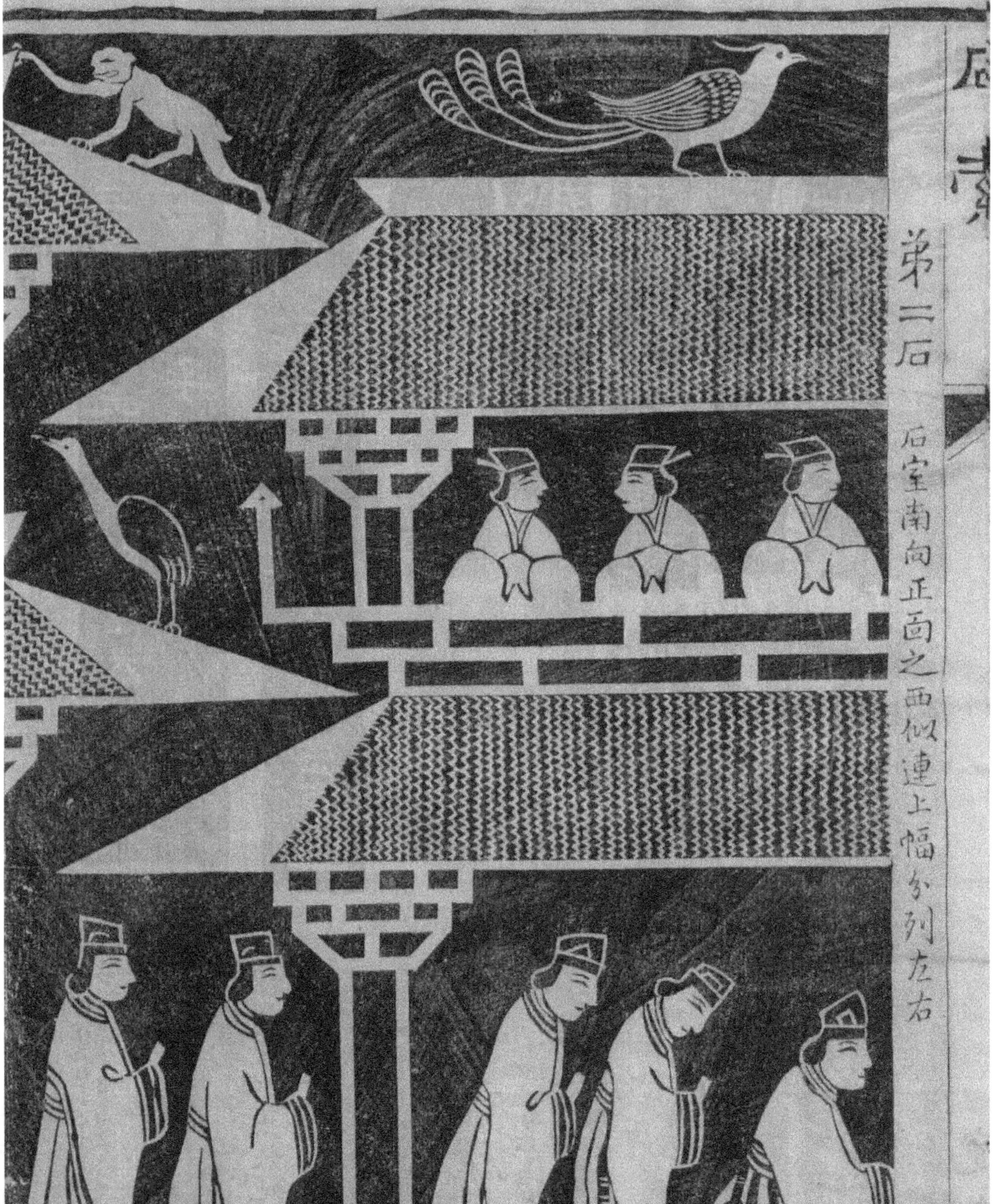
第二石
石室南向正面之西似連上幅分列左右

石索

邃古亝藏

附錄碑內題字

一心如日月

己巳年十一月十四日主夫明看此多至

此題在屋角上斜書未知己巳何時主夫何人也

延昌元年四月廿七日

北元魏宣帝年號其時在太和後十三年

青州刺史

此下俱有姓名恍惚難定

河間耒縣

此下模糊

韓聖□

聖下一字難辨或是國字中有剝蝕

王雙

此下似嬌一身三字

河間耒縣軍

此下有十八字矇連不清白

武定二年十一月十九日南青州刺史鄭伯猷進一度記

武定東魏孝靜帝年號此題在柱上相隔三節猷下又似題字

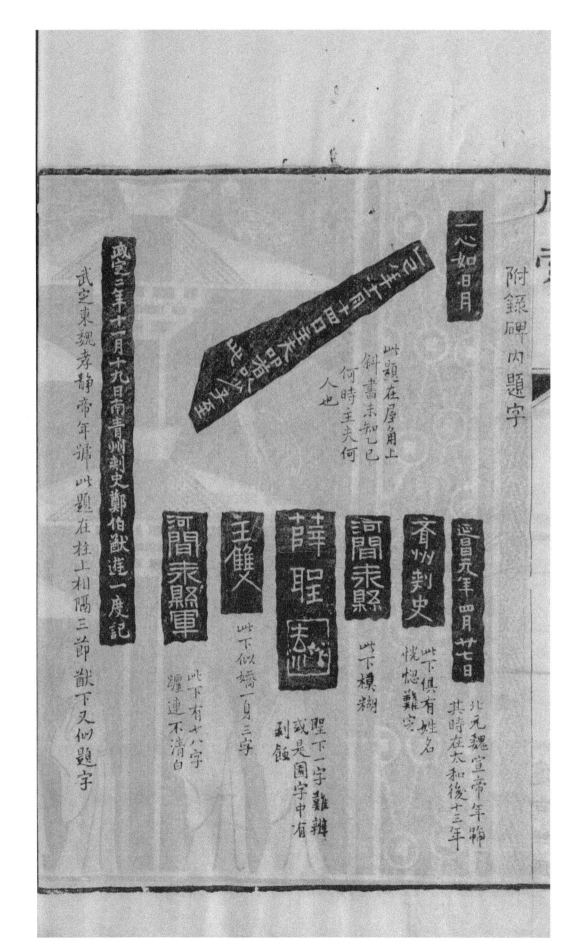

第三石

此石室之東壁故有尖頂本通連
下泰山高令明及胡王事為全幅故
金石志以此為第四幅以高令明
為第三幅云未詳何向也今從
上而下自此為三幅近日又塑
神象壘以高座將胡王帳房
一節遮隔拓印不到故將
此幅下二層車馬截補
在高令明之上為第
四幅則兩幅皆三層

上層畫兩人相向兩跪一長尾人手執罷在其後又一裸身童子跳躍雲間

中層有貫匈者二人各有二人以杖貫于其胸負之而走有人携狭子觀之海外南经云貫匈國在三苗國東其爲人匈有竅是也其左有一人跪其右有二人執杖行又有一人跪一人執杖逐犬

三層有一人戴冠正坐旁有侍者二人又有執花枝者數人左右立又人身獸首者又一兔方搗藥一兔執杵其旁餘不悉敍

石索

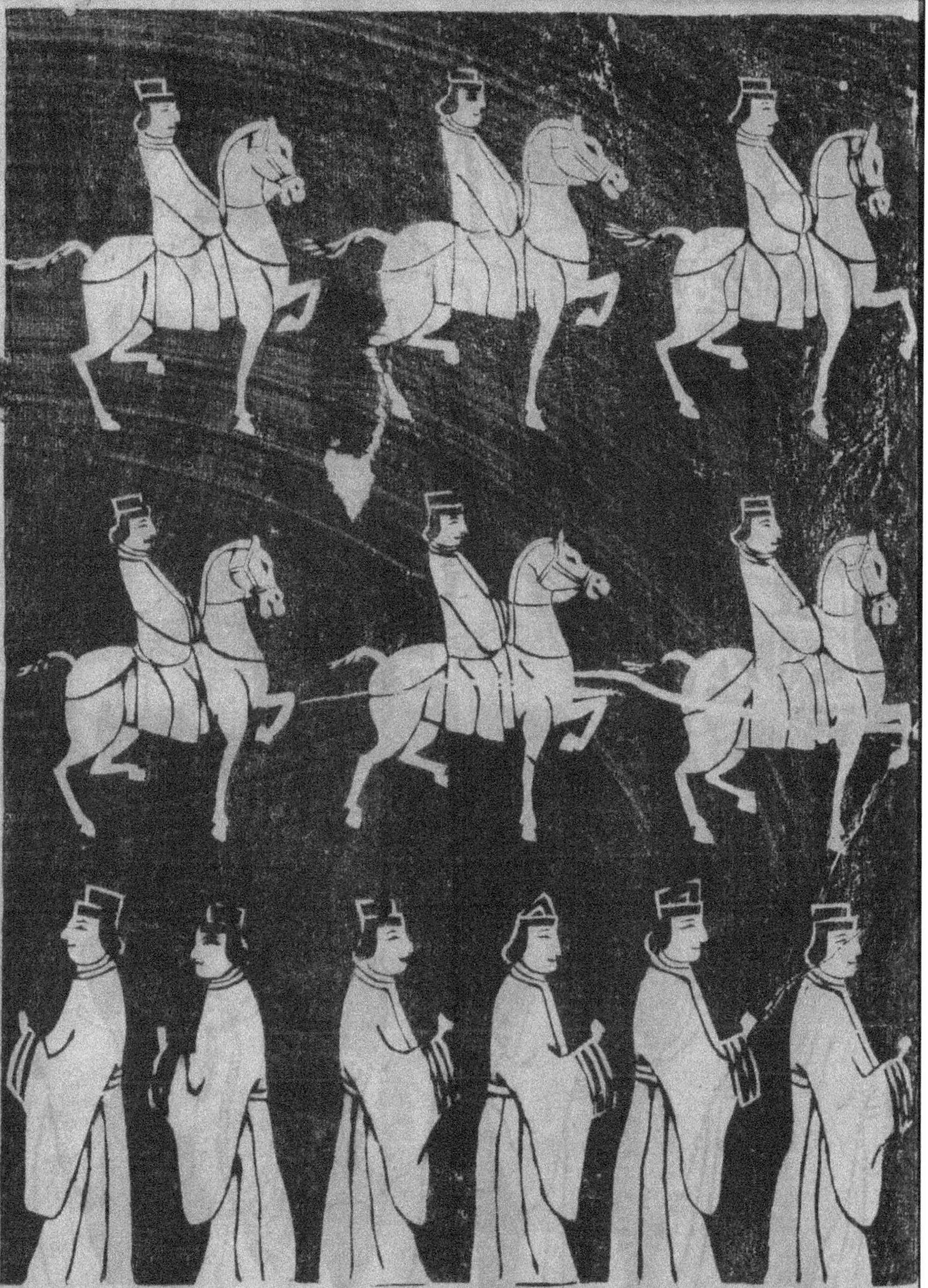

遂古堂藏

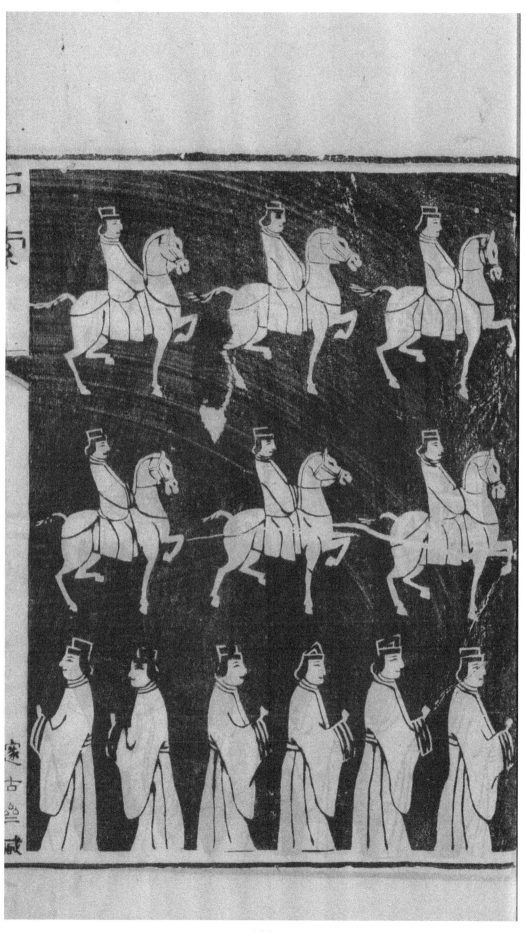

胡王

此幅三層上二層畫執戈者四人前導馬十八騎車二車中坐者各二人各御車一人後擁二騎皆兩兩並行下層畫戴冠束帶者五人正立其左右執笏拱立者十一人其正立五人疑四角胡王六角胡王之屬也又有戴冠束帶側立一人似與人語其左右拱立者七人又有一罌如甖罌中似有勺四人視之

此三層尚有一層在其下畫營帳數重及兵士刀斧之屬甚多惜為神座所掩拓印不到此二字題在帳外所坐胡王之上真原刻也

附錄碑內題字

泰山高令明永康元年十月廿一日故來觀記之

此題字在栽冠五人侍立四人之後永康祇一年為漢桓帝之末年則此堂在其前久矣故來觀者有意來觀故猶故〻也非敬字

山陽

此下尚有字不明顯

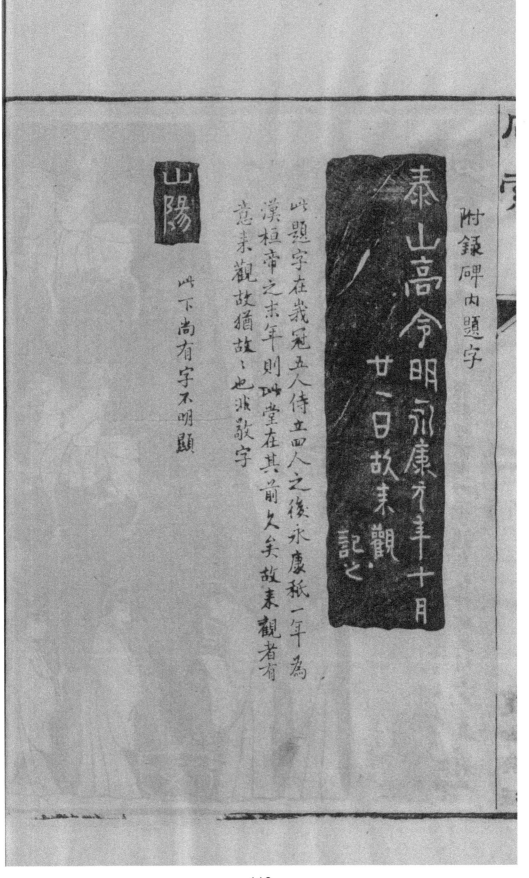

第五石
此石在東間
屋內西面
東向

此石畫升鼎事金石志載藝文類聚引南越書云熙安縣山下有神鼎天清水澄則見刺史劉道錫使人繫其耳而牽之耳脫而鼎仍沈執覊者莫不病耳蓋尉佗之日於此此畫類之与武氏石室畫泗水取鼎不同也畣畫一河兩岸壘石為磡兩邊各四人曳之其繩貫于植木之上穿孔而出右耳已斷故繩緩其斷耳猶在繩端也河上四舟有一人持竿抵其鼎升之其餘魚鳥錯錯皆點綴之景其上有獸身雙人首及鳥身三人首者非升鼎時事武氏石室畫在上層此未隔斷耳

附錄題字

景明二年六月十二日廣陵王

此行題字在中層兩首人之旁王下有字已漫下層馬首不可見矣景明為宣武帝年號其時去太和廿三年方及二年獵是廣陵王羽若廣陵王欣則在肅宗時矣

第六石

此在后室西間屋東面西向上銳下平以飛鳥十餘自左及右為項其中畫墜車事未知墜者何人

邃古堂藏

安

安吉

附題五

四字在右邊連騎之上

此題在橋下卧人之旁言墮車遇救尚安吉也此與永建字相類蓋一時書

家遂古[illegible]藏

後漢書郡國志平原郡有濕陰濕水所出也前志作濕陰說文從水㬎聲徐鉉曰今合反故从㬎聲濕俗作漯字與燥溼之溼不同韓勑修孔廟禮器碑有平原濕陰馬瑨後碑有平原濕陰王宣即其地也邵善君以永建四年四月廿四日來過此堂永建為漢順帝年號則此堂之在其前久矣其云叩頭謝賢明似邑人故吏感誦之詞

此幅尖頂有寓意神人狀未錄其內有細字一行云山東濟南府濟南衛郭祥此金時人題

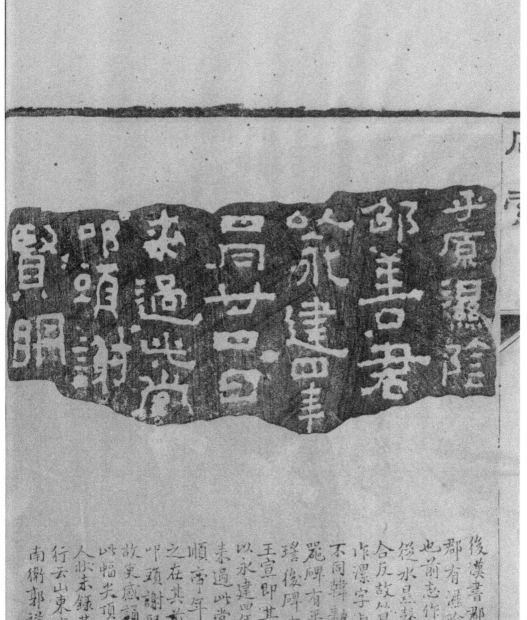

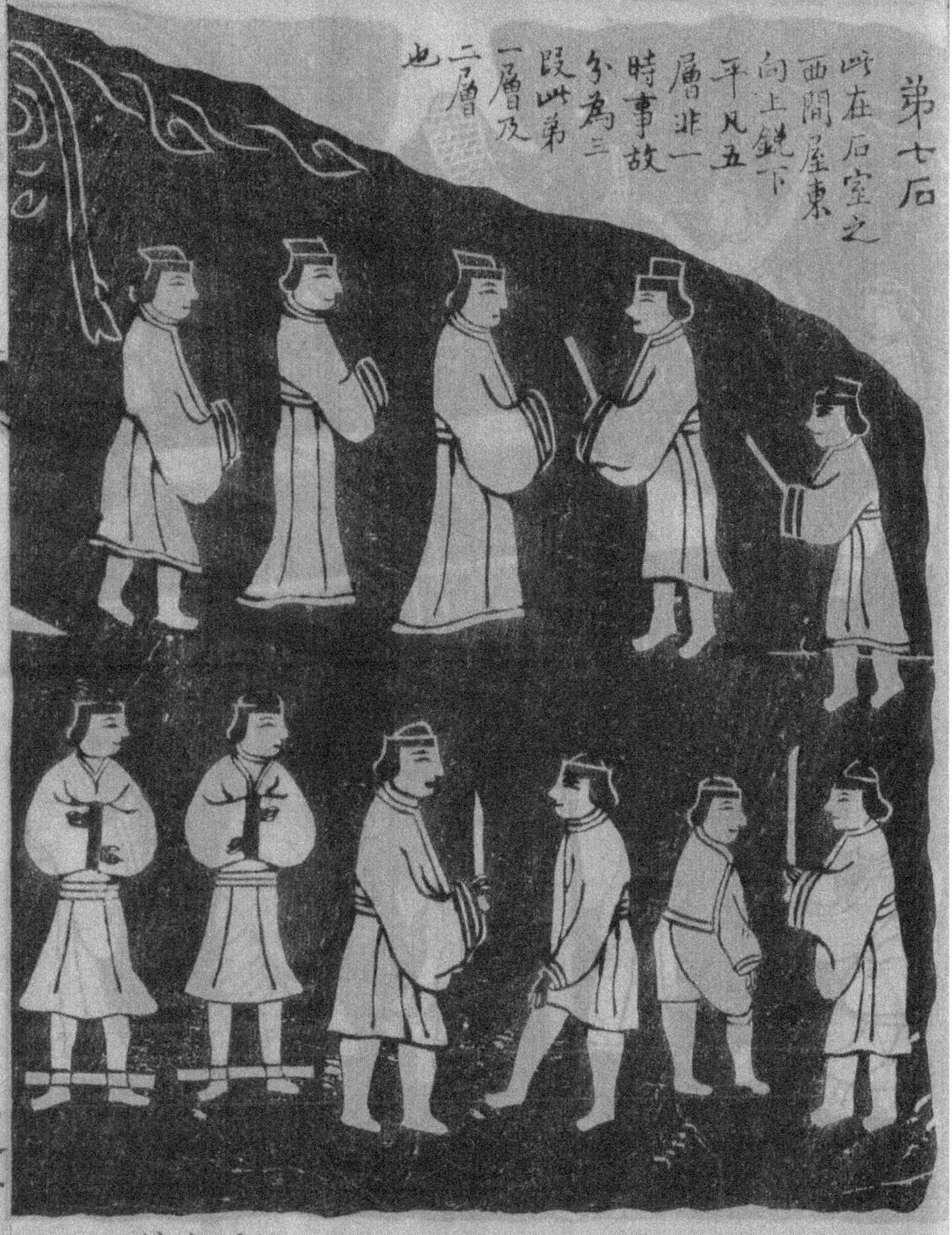

第七石
此在石室之西間屋東向上銳下平凡五層非一時事故分為三段此第一層及二層也

二罪人桎梏

邃古齋藏

上層中坐一人頂上垂以雲氣及二龍首猶武氏石室之上層每
畫神人此爲寫意耳又鳥尾一人上已剥蝕次層一屋兩楹其
簷前懸弧有執弓而坐者似胡王之屬有屈一足跪吹一器未詳
何物意蔵藥之類其後有四人挽一鼓車如挽舟狀一人坐其中擊
之後二人各頂一花盆似蘭葉此層無題字

石索

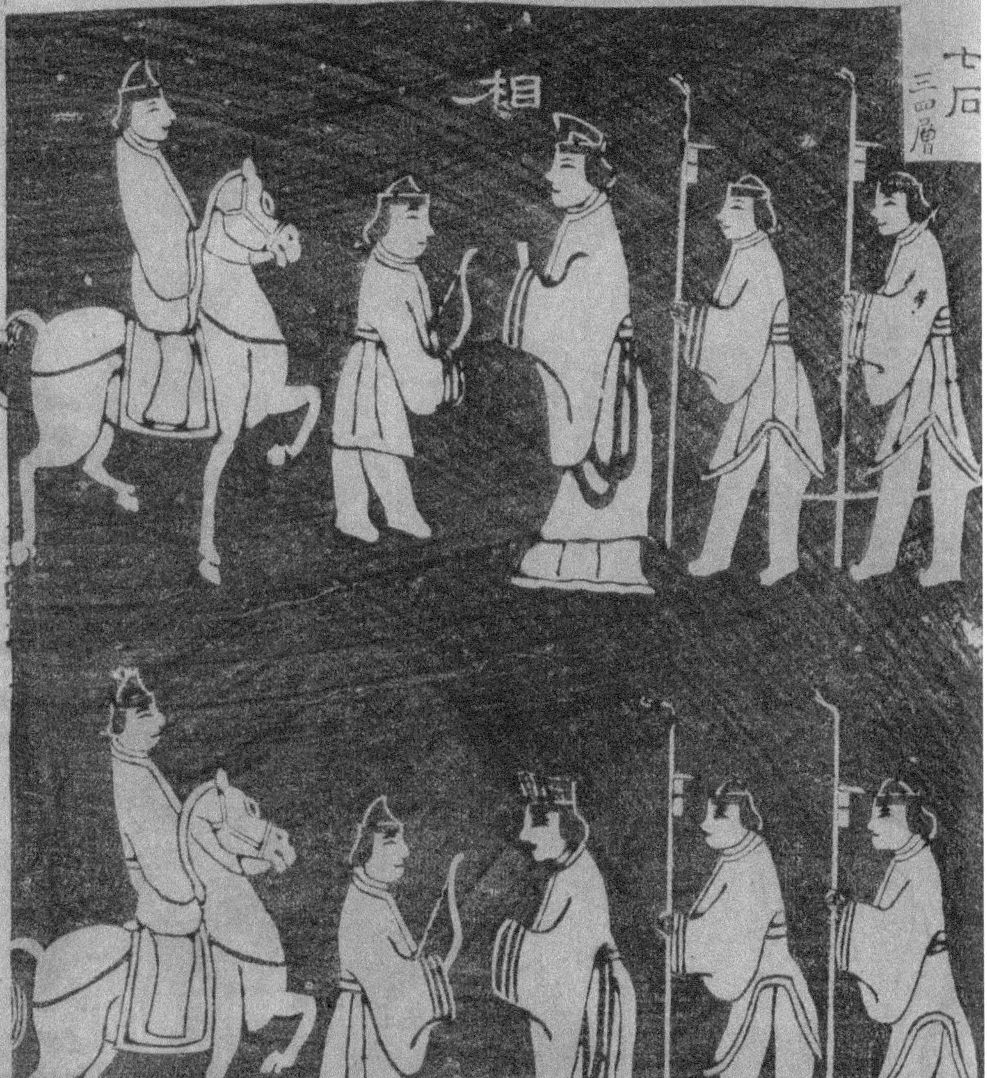

七石
三四層

遂古堂藏

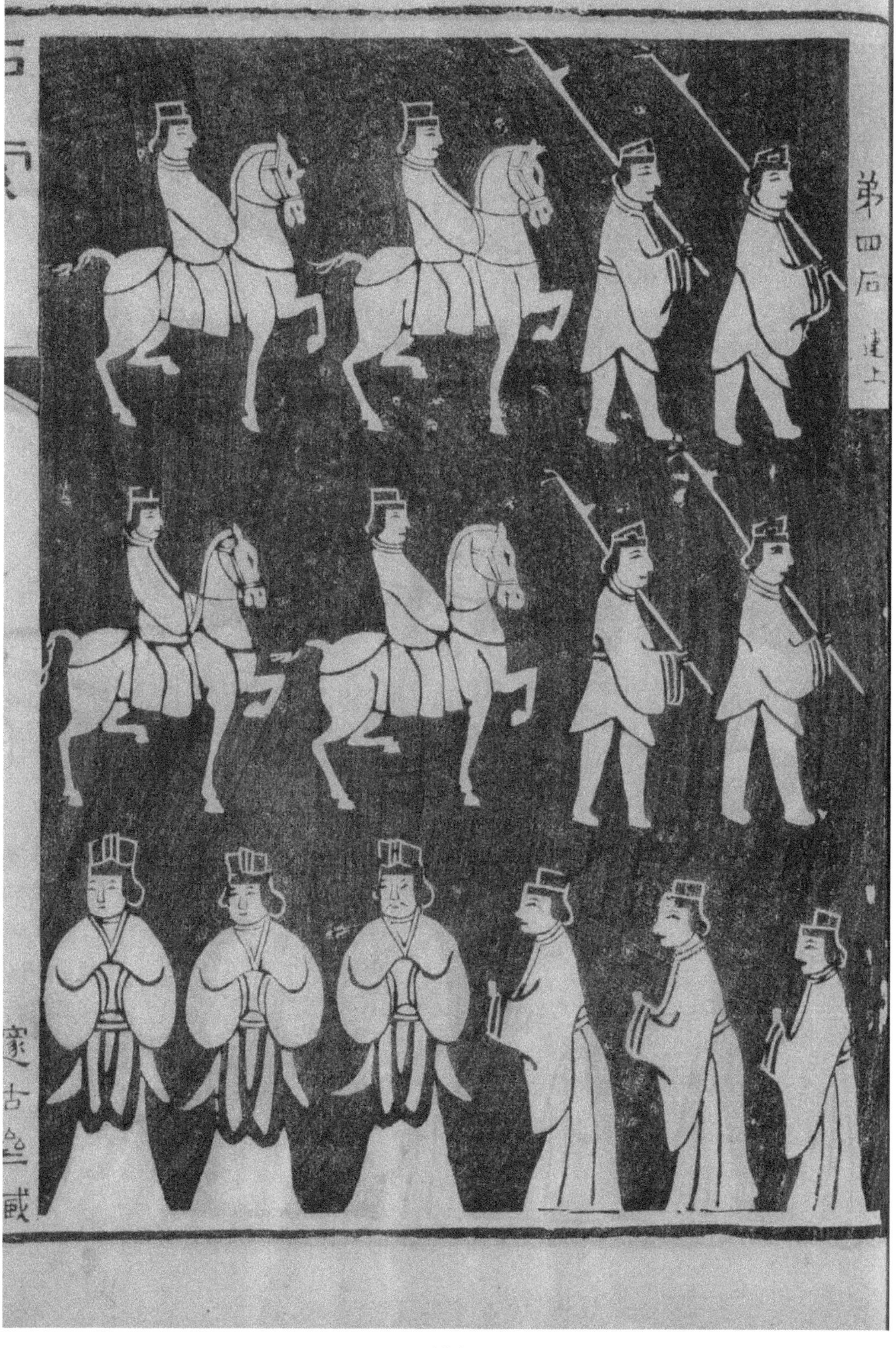

第四石 達上
邃古金藏

第五層左

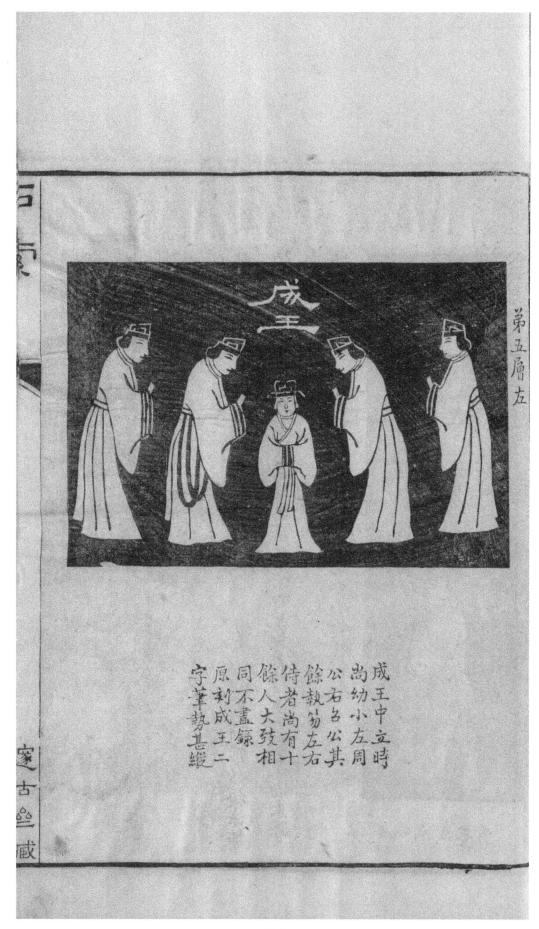

成王中立時尚幼小左周公右名公其餘執笏左右侍者尚有十餘人大致相同不盡錄原刻成王二字筆勢甚縱

附題

庚泰明於永興二年三月

此外尚有數處題字細于蚊脚難辨不錄

第八石

畫日烏月兎星斗及織女之狀今此石為神座所掩未拓

第九石

畫騎導吹擊之屬後人題中知二猥三月六字半泐未錄

第十石

此畫大王之車騎儀從也大王未詳何人

二執戈者在前

以下前導後擁共十六騎

此大王前之鼓吹車也中坐四人吹排簫其上有蓋〻上復有二人擊樹鼓〻角懸二鈴其上有頂垂二龍首

大王車三字係原刻

附題

小山二杼

續得一石

石帝兩長畫人攀龍
旁題正書七年十月

水經注云平陰東北巫山上有石室世謂之孝子堂未指言何人之冢北齊隴東王感孝頌始指為郭巨墓石室殊未可從

此三四層上有飛鳥九自左至右蓋所以隔別第二層不關本事不錄
飛鳥下畫兩車兩馬向右竝行車中各坐二人其騎從騎導步導皆
兩兩相比而行又前為一駝一象駝旁二人象旁有執鉤者三人蓋騎象
時必鉤而升也鼻下有物如筐者舟也橋纜具有舟旁有魚而象大舟小
不足載之必係闕文故未臨摹其前又有執弓四人騎導二人又其前二人
冠服束帶執笏左向而迎其上題一相字其後有執戈四人

原題

相

此一字題在右邊冠服束帶人之上蓋刻碑時原題字似曾全碑

附題

王璪璋曰行至

孟世雄以永興二年十二月三日來觀 友人

先天二年十月廿五日

永興北魏太宗年號先天唐睿宗年號題字未全

七石 弟五層右

一人負畢子背一人彎弓射之已著一矢又注其中間立童子二人未知何義

居攝墳壇石刻一

上谷府
卿墳壇
居攝二年
二月造

居攝二年孺子
嬰之二年新莽
居政時也上谷郡
名墳壇如石龕
崇尺廣二尺西
其中以鑿字本
在孔林雍正十年
移置聖廟

上谷府卿者府丞也趙氏載此石刻不知府卿祝其卿何官洪氏引應劭云大縣有丞左右尉所謂命卿三人漢隸有吳郡府丞武開明碑而武榮碑中稱之曰吳郡府卿又沈子琚緜竹江堰碑云縣丞王卿則居攝墳壇所刻乃上谷府丞祝其縣丞也此論甚明

居攝墳壇石刻二

況基卿
墳壇居
攝二年
二月造

況基即祝其孝
魯相謁孔廟殘
碑云史守叔德
東海況基人洪
氏云碑以況基
爲祝其正與此合
今臨本作祝其非
也細玩石刻自明

祝其隸釋以為春秋夾谷之地張稷同云祝其隸東海郡莽天
鳳改名猶亭山此在居攝時故猶曰祝其非杜注夾谷即祝其縣
泰山郡之萊蕪者也鵬按魯相謁孔廟殘碑明云東海況基
人張說良是第未知況基卿為何人耳此石形制与上谷府
卿同俱在孔廟同文門西柵惟第二行字泐甚餘俱曲折生動

漢天鳳石刻

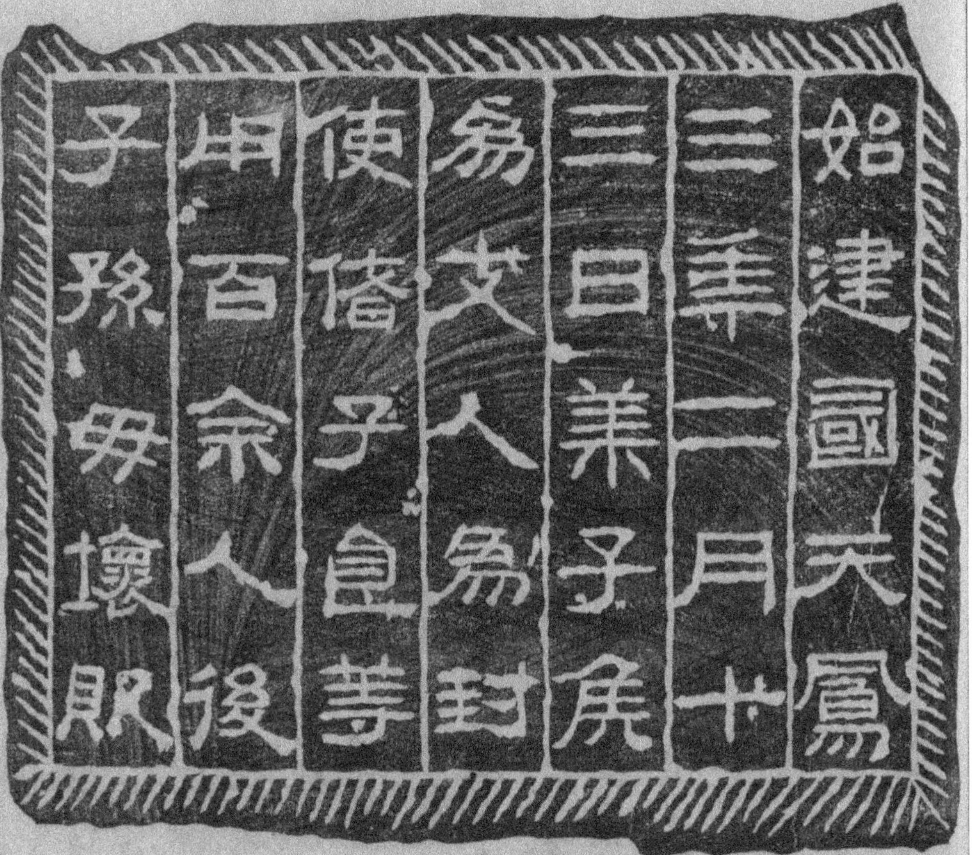
始建國天鳳
三年二月十
三日萊子侯
為支人為封
使偖子良等
用百余人後
子孫毋壞敗

始建國天鳳
三年二月十
三日萊子侯
為支人為封
使偖子良等
用百余人後
子孫毋壞敗

隸書三十五字字大二寸高寸五六分不一偖疑儲字之渻余即餘字嘉慶丁丑秋見于鄒縣卧虎山今入孟廟

此石在鄒縣南卧虎山下約二千秊無
人知者嘉慶廿二年　鞔日士人孫生容
王輔仲見之与滕縣孝廉顏君逢甲送
入孟廟考始建國天鳳三年係新王莽
僭位之八年其稱天鳳而冠以始建國猶
餘續載王莽候鉦云始建國地皇上戊也
其稱為封者蓋封樹々封猶禮稱三斬
板而已封及史載建武祀泰山使奉車子
侯為封々高一丈二尺々類顏君以為封田
贍族者非也百余人者用百餘人工築此封
顏君釋為宗人亦非惟葉子侯不可考
或以萊州為古萊子國或以為葉子侯
葉字々泐俱無所據王莽时封侯甚濫
有貧而為傭者史固不勝載而碑字又恍
惚難憑闕々可耳　其储字亦不甚了々揺

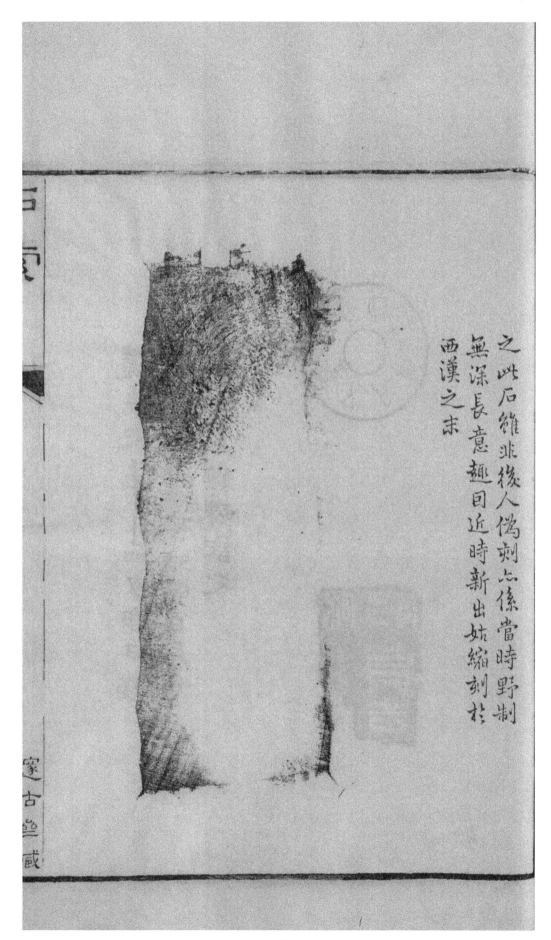

之此石雖非後人偽刻亦係當時野制無深長意趣曰近時新出姑縮刻於西漢之末

道光元年丨四月朔日鏤
板于嵫陽署齋於時日月合
璧五星聯珠記之

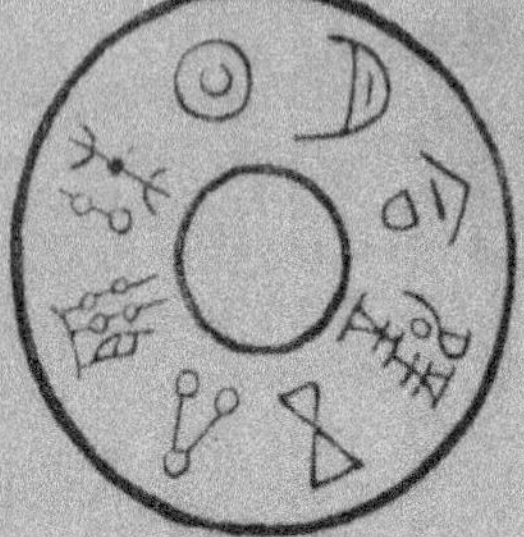

石索二

紫琅馮雲鵬晏海氏
雲鵷集軒氏同輯

碑碣二

漢建武中元蜀郡尊楗閣道石刻

隸釋作何君閣道碑
古刻叢鈔稱尊楗閣記

蜀郡大守平陵何君遣
掾臨邛舒鮪將徒治道
造尊楗閣袤五十五丈

用功千一百九十八日
建武中元二年六月就
道史任㕡陳春主

隸釋云此碑蜀中近出東漢隸書斯為之首字法方勁古意有餘蜀人以為尊楗閣碑棧路謂之閣道卭僰九折坂蓋其地也范史祭祀志建武三十二年為建武中元元年以即位初元冠于新歷之上東夷傳云建武中元二年倭奴國奉貢蓋與志同翁覃谿先生云尊楗閣記東漢㝡古之刻而不見著錄可不惜哉 鵬按此即古刻叢鈔所云尊楗閣記者因隸釋題為何君閣道碑故歧而二之耳今併其名使人無疑

漢永平開通褒斜道石刻　在陝西漢中府褒城縣摩崖

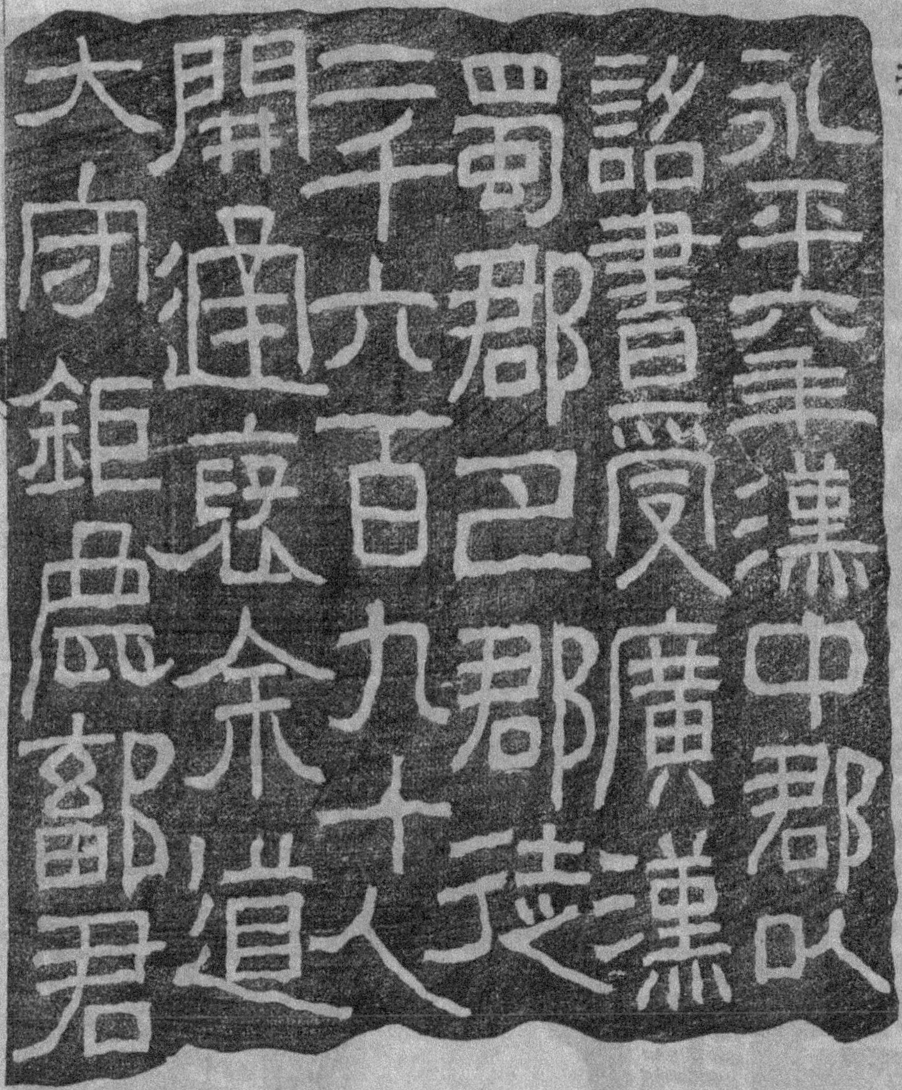
永平六年漢中郡以
詔書受廣漢
蜀郡巴郡徒
二千六百九十人
開通褒余道
太守鉅鹿鄐君

褒余即褒斜

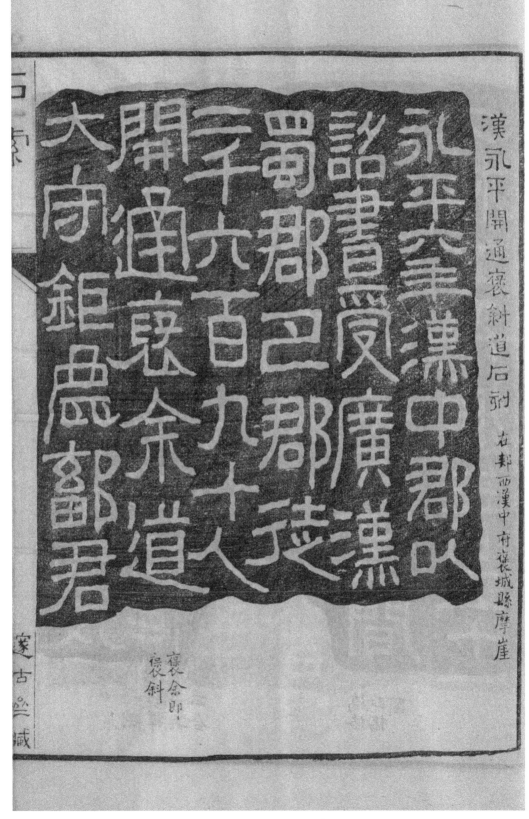

部掾冶級王弘史荀茂
張宇韓岑等興功作
太守丞廣漢
楊顯將相用
始作橋格六百卅三間
大橋五為道二百五十

等興晏釋弟典未合

橋格即橋閣

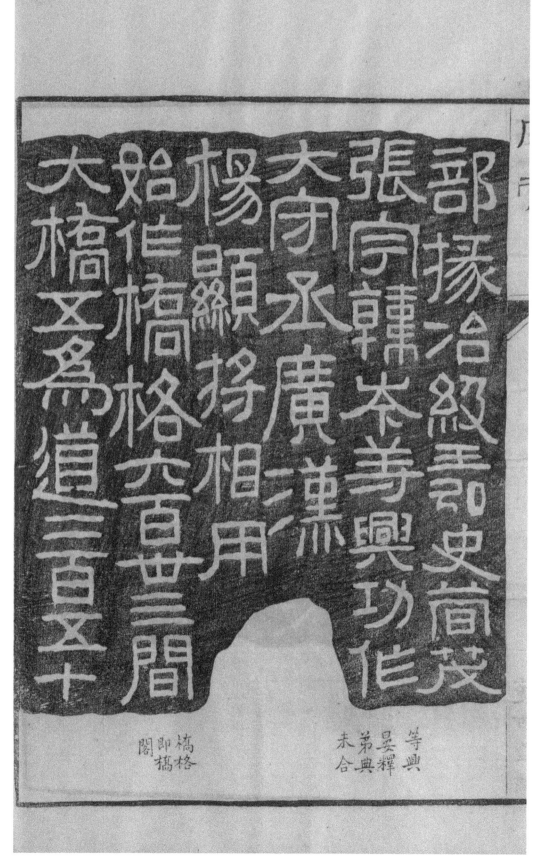

八里郵亭驛置徒司空
褒中縣官寺并六百四所
成凡用功七十六萬六千八百
餘人瓦卅六萬九千八百五十

凡上晏無空今觀似有成字

此段後據宋晏袤釋文瓦卅六萬九千八百之下尚有四罷用錢百四十九萬九千四百餘斛粟九年四月成就益州東至京師去就安隐三十二字今亦未見想磨泐無存然八百之下似有五十不類四罷二字

褒谷斜谷在褒城縣北郡國志北曰斜南曰褒長四百七十里同為一谷

此刻歐趙洪三家俱未著録宋紹興甲子南鄭令臨淄晏袤始得之石門西南隂側斷崖中稱其字畫奇勁古與光武中元開道石刻相若為之記述刻於釋文之後隸書近六百字不能備録畧按此刻高古界乎篆隸之間殆即所謂八分書者洵屬東漢初年傑作其字或二三四寸不等用筆如長戈大戟不可拘束今之縮本細字大小如一殊不足以盡其妙故就其原拓摹之存其縱橫之勢

漢永元三處閣石刻　宋陶本古刻叢鈔摹本

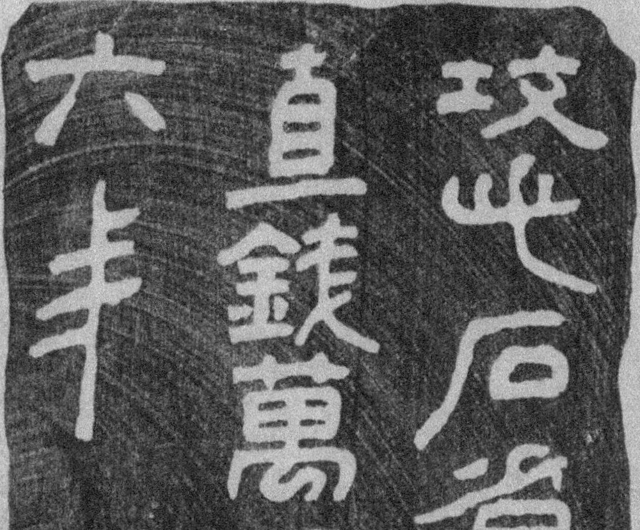

攻此石省三處閣
直錢萬二千永元
六年

古刻蕞鈔云東漢刻石字方二三寸許蔡迨刻記云在范功平摩崖之西五十餘步字畫大小不等而筆意精妙去地數寸必傴而可得蜀之漢刻罕多此刻後尊棲閣記卅有八年其次在第三矣甚可愛也後五年太守李公作屋護之

漢中嶽泰室神道石闕銘在今河南府登封縣東八里銘二十七行行九字惟第三四行十字字廣寸半

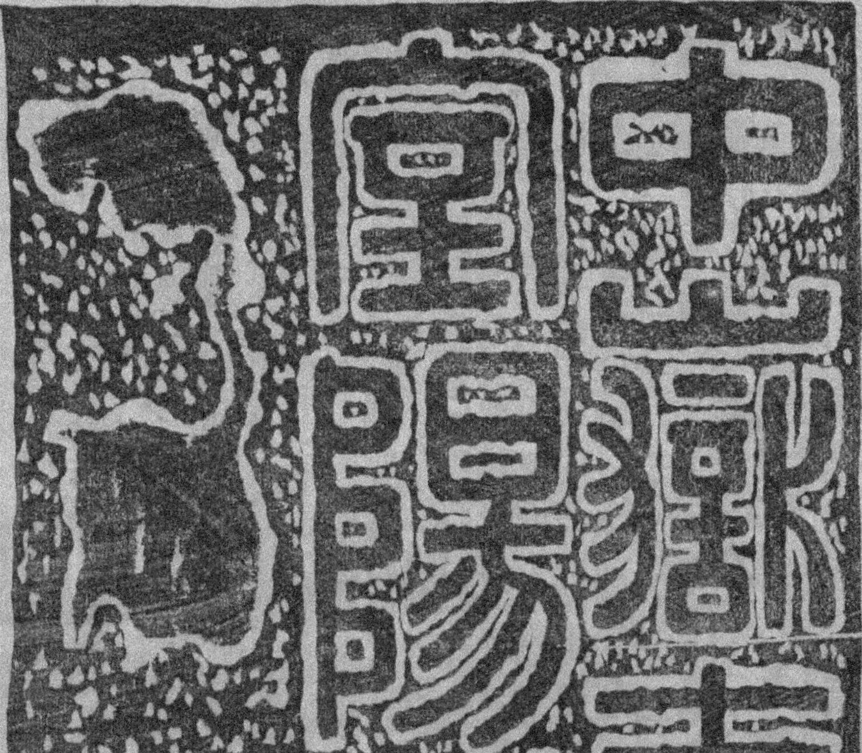

額陽文九字存中嶽泰室陽城六字餘全泐，少室額推之以是神道闕三字也

◎惟中嶽泰室嵩高神
君冢土之佐袁寅紀
春生萬物膚寸起雲潤施
源流鴻濛沛宣並天四海
莫不蒙恩聖朝肅敬衆
庶所尊齋誡奉祀戰慄
盡勲以報功德刻石紀
文垂顯靈異以傳後賢

漢紀武帝改嵩高山爲崇高

並即普

誡即戒

報誤作誦正之

靈異二字微可見補之

元初五年四月陽城縣
長左馮翊萬年呂常始
造作此石闕時
○潁川大守京兆杜陵
朱寵丞西夏□陵音□
監□府掾陽□
丞河東臨□
臨□張嘉

遂古堂藏

史●●●●鄉三老嚴
壽●●●●佐石副兼
崇高亭長蘇重時監之
陽翟平陵亭部陽陵格
王孟功副車鄉王文通
潘●●●●之共[illegible]●
亭●●●●陽陵[illegible]●
君[illegible]衛●●●[illegible]●

兼字俱作垂守未合

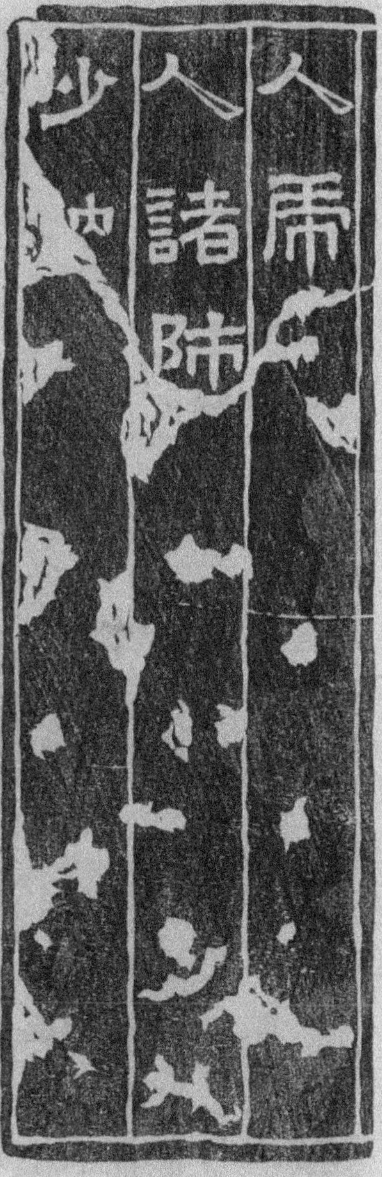

顧氏金石文字記云闕在開封縣中嶽廟南百餘步

兩漢金石記云嵩山三闕惟太室闕字差小前銘後系官名各以一圈標界于首亦金石文所罕見也三闕歐趙洪皆不著錄近人顧亭林王虛舟吳山夫牛空山四家始錄之吳山夫金石文存有少室闕毋二闕獨無太室金石圖概以爲每行九字殊多舛誤顧氏所載太畧王氏改正岱祀二字甚允若第四行源流下一字王所錄亦未確也

鵬案各本起處多缺今將舊拓本及新拓細校其中下嶽字山頭尚存室字亦頭亦隱々可見必中嶽泰室四字與題額合故補之

後銘

金石記云後銘約四十餘行有直界紋稍狹而字長篆中帶隸剝落已甚其文亦前敘後頌太室闕額正當此文中間之上方從来不見著錄黄小松畢秋帆俱以拓本寄来二本互對纔辨四十七字耳

鵬案太室石闕立在元初五年少室開母二闕在延光一年其間相去五年此文稱延光四年三月及孔子大聖潁川太守楊云云當更在其後其時太守楊則非復朱寵矣文過于殘缺十不存一不録

漢中嶽少室神道石闕銘

在登封縣西十里邢家鋪西南三里田闕銘廿二行〻四字空〻一行無字

額高廣七寸陰文少室神道之闕六字額下二層皆畫像

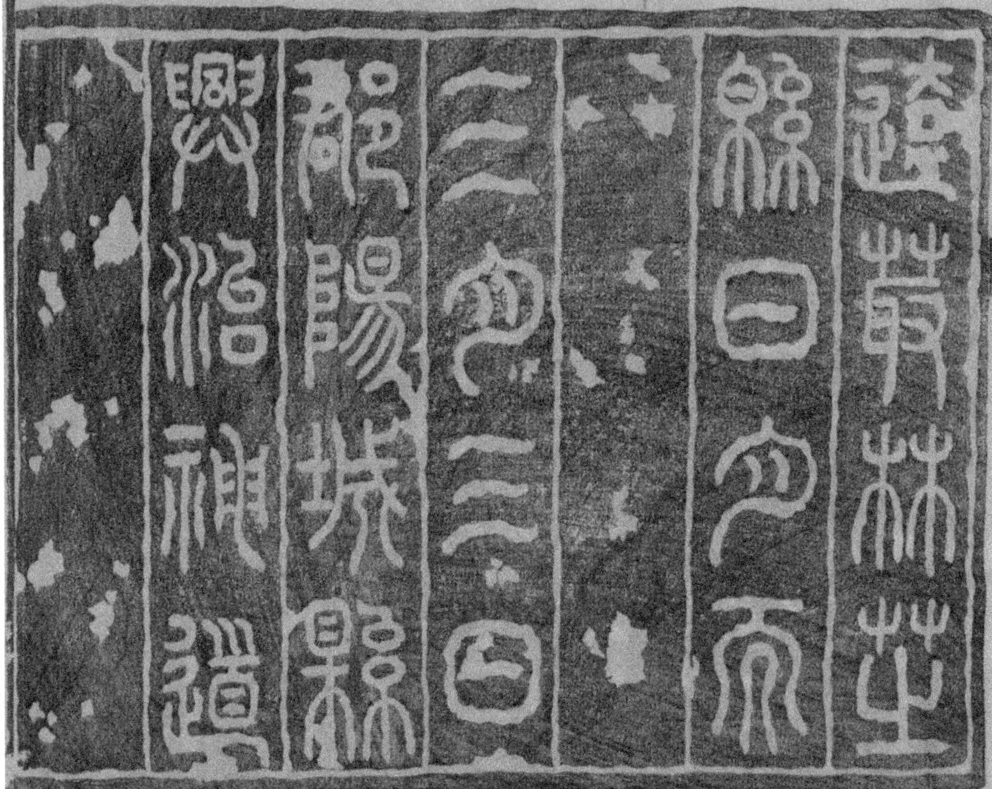

遠蔢林芝
緜日月而
三月三日
郡陽城縣
興治神道

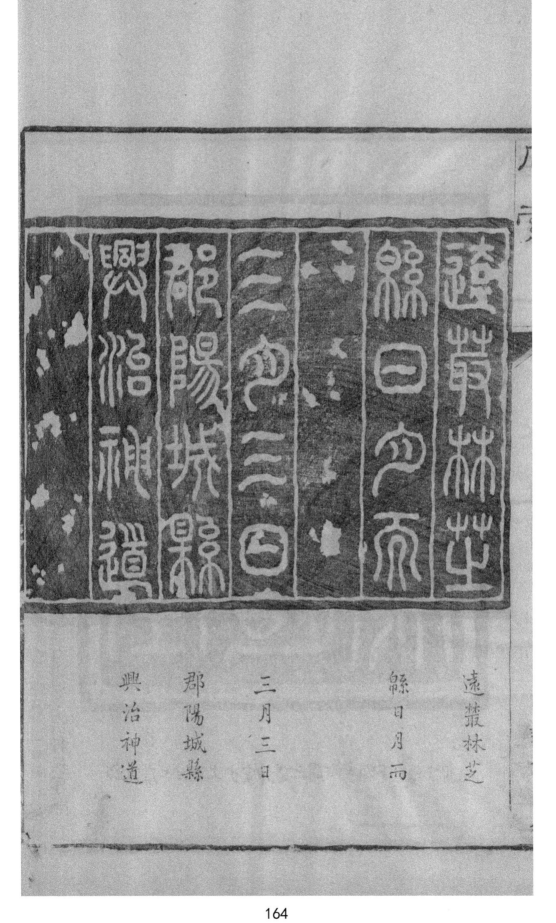

君丞零陵

泉陵薛政

五官掾陰

林戶曹史

夏斂監廟

掾辛述長

西河圜陽

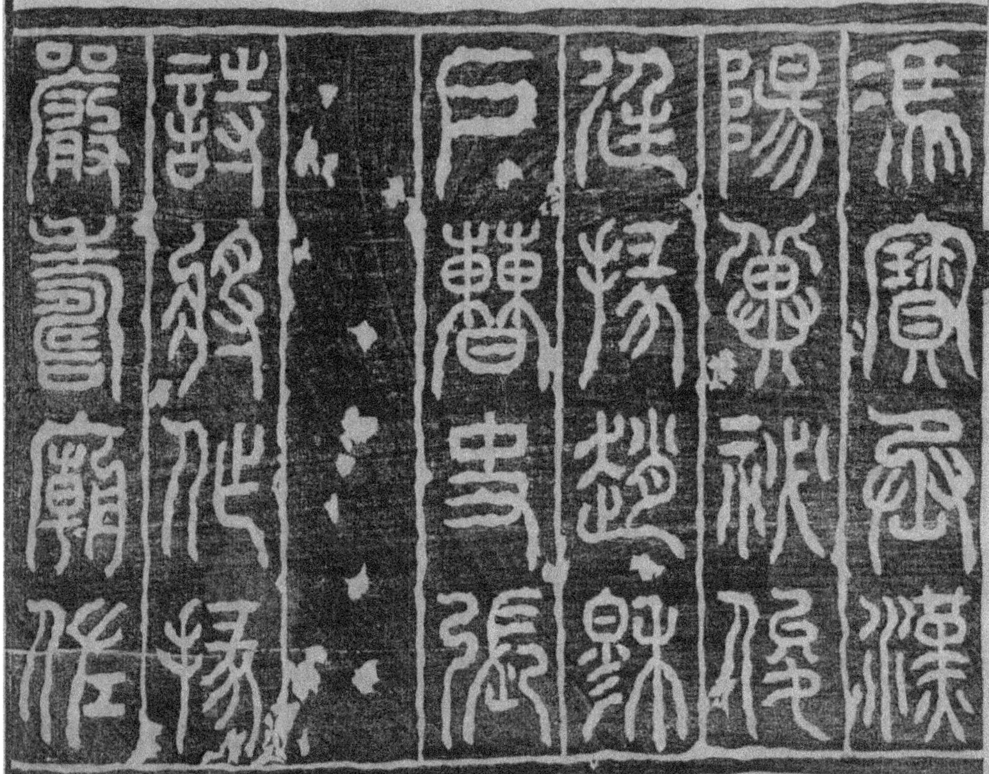

馮寶丞漢

陽冀秘俊

廷掾趙穆

戶曹史張

詩將作掾

嚴壽廟佐

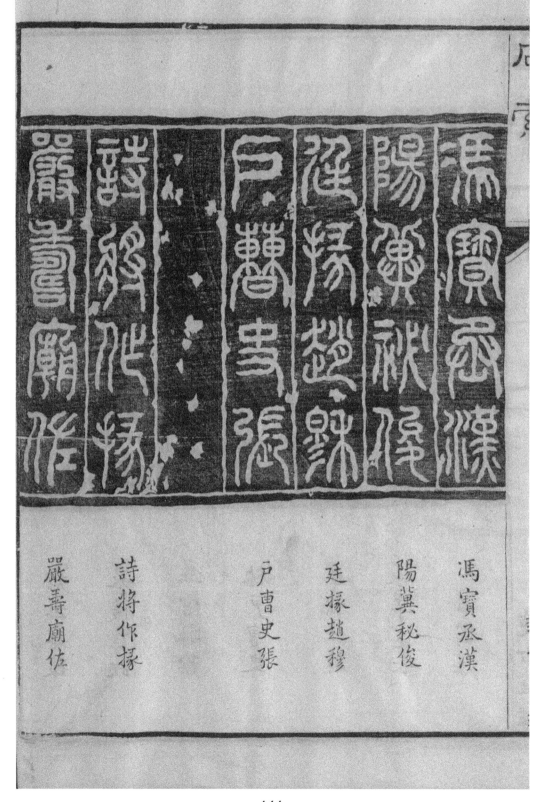

向猛趙始

以上少室闕銘廿二行今所存者止此直齋與顧亭林所釋文爲諸家所能正也許之多

蓮生所藏雲溪校款

鵬按此少室西闕之正南面十八行及左側〻四行共廿二行〻皆四字空三行其空前銘及月日皆不止四字必有上一層而亡之矣惟君丞以下乃四字一行耳縱高漢尺一尺三寸强字長三寸三分闊二寸三分最上一字諸本皆缺細玩蓮生明府舊拓合以新拓尚似遠字授堂金石跋以為銘存八字可辨者五字非善本也惟空三行寔無字

少室東闕題名

金石畧云東闕画象下有一石高尺濶六寸刻廿四字可見者十九字ゝ徑寸二分刻文漫下前人未及見ゝ而表之者雒陽董金甌相函也

鵬按四行分格十二格中列十二名盖亦漢、時人所題記其桓字之姓未見覃谿先生疑是查字愚疑佀祖字之剥蝕者其紓字係孫字反書漢、竟每有之

漢開母廟石闕銘

即啓母廟今惟闕存在登封縣北十里崇福觀東二十步景氏說嵩在啓母石之正南

字三十五行共大小同少室

少室東闕題名

江孟李陽桓仲
潘除鄭孟桓盛
潘陽●文令常
紓●●重令容

金石圖云東闕画象下有一石高尺濶六寸刻廿四字可見者十九字〻徑寸二分刻文漫下前人未及見〻而表之者雒陽董金甌相函也

鵬按四行分格十二格中列十二名蓋亦漢時人所題記其桓字之姓未見覃谿先生疑是查字愚疑係祖字之剝蝕者其紓字係孫字反書漢竟每有之

[illegible]
治神道闕時太守
[illegible]朱寵丞零陵
泉陵薛政五官掾
陰林戶曹史夏效
監掾陳修長西河

[illegible]

圜陽馮寶家漢陽

歐家聖漢福亨於
喆·馮神翩復飛雛
··具庭宗祥枝
張靈素極生··
·化陰陽綵清興
雲降雨···丕
字·京賢所往歟

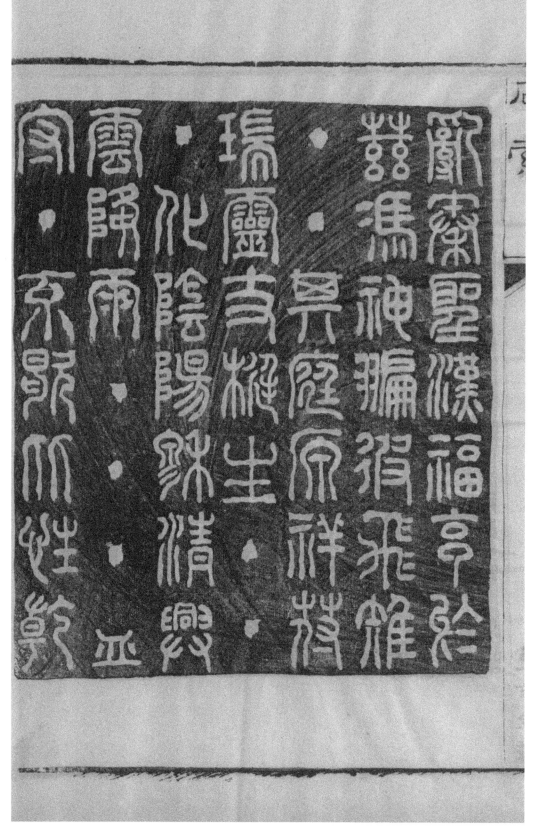

增福祿來永相宜
我君子秋萬禩子
子孫孫寶用銘功
昭眡後昆 ：：：
：延熹二年 ：：
董白 ：：：：：
辟廱洋溢而溥優

政
皇極正
理

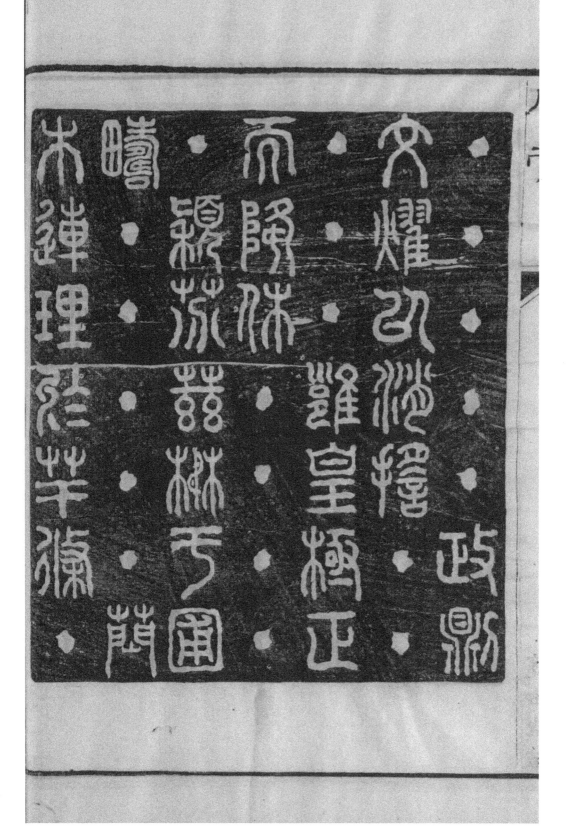

石室

盛然曰
新天景雲
化咸來王天清
會朝
靜之域水莫隱溢
祈福祉
聖之奧山陽神

邃古盦藏

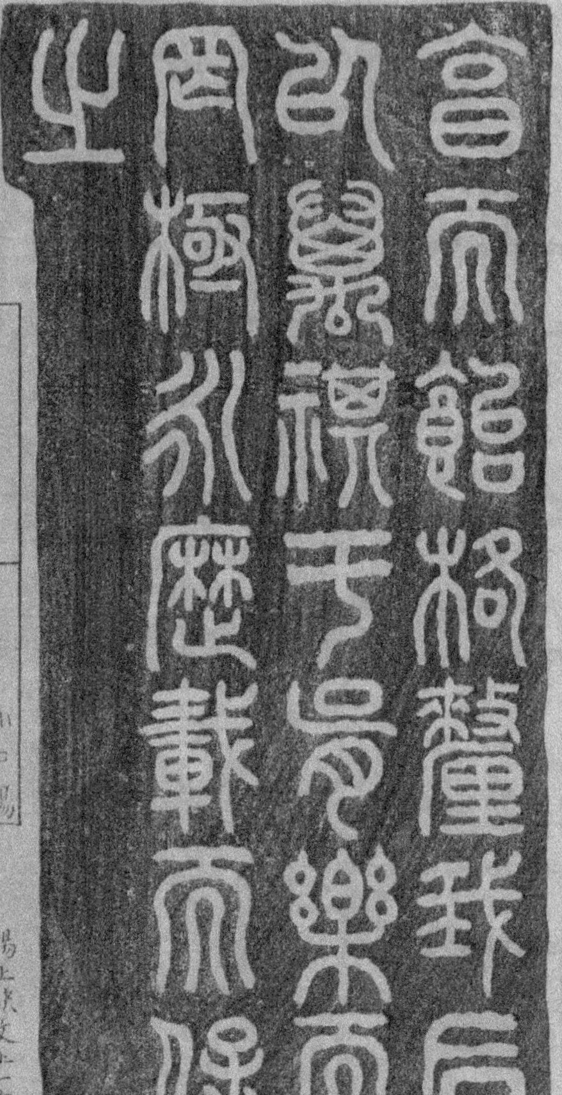

陽上缺文十一字似川字必潁
川郡也其起處缺文不可考
朱寵上缺二字必杜陵也可以
太室石闕證之

釋文

闕式

分上下層前
題名十二行上
層無字後銘
文卅四行行十二
字上下層均分

□□陽
城縣開母廟興
治神道闕時太守
□□朱寵丞零
陵泉陵薛政五官
掾陰林戶曹史夏
效監掾陳修長西
河圜陽馮寶丞漢
陽冀秘俊廷掾趙
穌戶曹史張詩將
作掾嚴壽佐左福

此乃一層二層
其第三層則
刻堂谿典銘
以非一時故別
刻于後

□□□□車防百川柏鯀稱遂
□□□原洪泉浩浩下民震驚
□□□功疏河寓元九山甄旅
□□□文爰納塗山辛癸之間
三　　入寔勤斯民同心濟隘
□□□丘杞繒漸替又遭亂秦
聖漢福亨於茲馮神瑞彼飛雄
□□其庭原祥符瑞霊支挺生
□□□化陰陽穆清興雲降雨
□□□皿守□不歇比性乾坤
福祿來攸相肩我君千秋萬祀
子子孫孫表碣銘功昭眡後昆
□□□□延光二年　　重曰
□□□□作廟悳洋溢而溥優
□□□□□政則文燿以消搖
□□□□□雝皇極正而降休
□□□□□穎芬茲楙于圃疇
□□□□□蔄木連理於芊條
□□□□□盛胙日新而累熹
□□□□□化咸來王而會朝
□□□□清靜九域少其脩治
□□□□祈福祀聖母虖山隅
神□享而飴格釐我后以萬祺
于胥樂而罔極永歷載而保之

隘篆作隣益旁舊本俱作陒未合
繒同鄫从草編舊本俱作繪誤
聖漢句从景氏說嵩高補入

守上一字說嵩高作盅

茲楙猶滋茂今俱作淋誤

胙即祚

少說文少也讀若輟

金石圖云闕高八尺五寸濶六尺厚一尺六寸闕母銘刻于其陰及東側高二尺三寸字徑一寸八分亦有東闕無刻文

兩漢金石記云摠計三十五行葉井叔以爲三十二行蓋未見後銘之末二行又未見其額前陽字之一行也王虛舟亦依井叔說沿訛也予得此銘拓本三十五行之後即接圓幪畫象

鵬按漢碑皆隸書其篆書者絕少此與少室銘定一時一手兩[illegible]篆法方員茂滿雖極剝落而神氣自在其筆勢有肥瘦亦有頓挫與漢印繆篆相似極意臨摹殊難得其妙也

漢敦煌太守裴岑紀功碑

碑高今尺四尺二寸廣尺八寸五分六行〻十字今在巴里坤關帝廟此縮本

惟漢永和二年八月敦煌
太守雲中裴岑將郡兵三
千人誅呼衍王等斬馘部
眾克敵全師除西域之灾
蠲四郡之害邊竟艾安振
威到此立德祠以表萬世

此碑在篆隸之間蓋八分書也吾子行云八分漢隸之未有挑法者

碑在西塞巴爾庫爾城西五十里地名石人子以碑上銳下大孤筍挺立望之如石人故也雍正七年大將軍岳鍾琪移置將軍府十三年徹師又移置漢壽亭侯廟金石圖

四郡即所謂河西四郡武帝所置此碑前則陽嘉四年呼衍王侵車師後部漢發兵救之掩擊于勒山不利者即敦煌太守也其後元嘉元年漢吏士四千餘人出塞至蒲類海呼衍王聞而引去漢軍無功而還者亦敦煌太守也惟此雲中裴岑斬馘部衆為前後罕見之績而史顧闕焉何也兩漢金石記

是碑在巴里坤城西北三里關帝廟前巴里坤今譯為巴爾庫爾亦為巴爾庫勒於前漢為匈奴東蒲類王茲力支地蓋敦煌郡人為裴岑建祠而立金石萃編

鶴按德祠作海祠此翻刻之誤灰即灾乃改為夾史即人乃改為又則金石萃之更誤也兵字萃編作侯

堂谿典嵩高請雨銘

在開母石闕銘之下一層
金石萃所謂季度銘即此

寺 五官
中郎將陽陵
堂谿典伯并
熹平四年来
請雨嵩高廟
典大君諱協
字季度自為
郡主薄作闕
銘文後舉孝
廉西鄂長早

以前未知缺幾行以下
五行趙氏有之而無後
十二行

唐谿複姓堂猶唐也
典其名伯并其字

漢武帝祀中嶽改嵩高
為崇高靈帝熹平四
年使中郎將堂谿典請
雨因上言改之五年復崇
高山為嵩高山

典大君當是典之父金石記
引鄭固碑云大男孟子有
楊烏之才七歲而夭大君夫
人所共哀也

金石萃從典大君起缺上五
行又誤以典為興鄂為鄂
早為早

終敘曰於惟
我君明允廣
淵學兼游夏
德配臧文殁
而不朽實有
立言其言惟
何

以。泐未知抉幾行

漢北海相景君碑

碑并額高漢尺十尺廣三尺三寸其據嗚術三字下有穿孔大六寸讓字〻無缺今在濟寧州學

篆額　漢故益州太守北海相景君銘

石索

邃古齋藏

惟漢安二秊仲秋四日故
北海相任城景府君卒歍
歑哀哉國維實寶英彥失
疇列宿罰精晚學後時于
何穹倉布命授期有生有
死天寔為之豈夫仁括攸
兜不遺於是故吏諸生相
與論日上巷羣后莫不流
光芒於無窮垂芳燿於書
萹身殁而行明體亡而名

隸釋缺一字細審尚存半邊乃四日字

隸釋缺二字審是維實

于即吁字

攸隸釋作彼誤

隸釋缺一字審是芒字

孝或著形像於列圖或轂
頌於管弦後來詠其烈竹
帛敘其勳乃作誄曰伏惟
明府受質自天孝弟淵懿
帥禮蹈仁根道核藝抱淑
守真皛白清方尅己治身
寔渘寔剛乃武乃文遵孝
孝謂假階司農流惠元城
興利惠民強衙改節微弱
蒙恩威立澤宣化行如神

轂即繫

明府提行

帥字偏旁与石鼓同文

尅即克 皛說文顯也讀若皎

渘即柔

衙即禦

帝嘉厥功授以符命守郡
益州路遐孿親躬伯遜讓
夙宵朝廷建莢忠讜辯秩
東行靈追嘉錫據北海相
部城十九郡邦歸向多明
好恩先以敬讓殘爲易心
輕黠踰竟鵄梟不鳴分子
還養元元解寃蒙祐以寧蓄
道循悳蘇祉以榮紛紛令
儀明府體之仁義道術明

孿即戀
隸釋躬作
碑文明是
躬伯
莢即策

郶即鄰
𨚍即邦

鵄梟即鴟
鴞

德下字缺
濟寧州志
補蘇字是

府膺之黄未邵文明府三
之台輔之任明府宜之台
病被徵委位致仕民心思
慕遠近搢首農夫醳耒商
人空市隨轝飲淚奈何朝
徒奪我慈父去官未旬病
居困危珪辟之質臨卒不
回歔欷霣絕奄忽不[illegible]孝
子懽愪顛倒剝摧遂不免
竊永潛長歸州里鄉黨隕

心字尚存末畫

醳即釋

萃編作遑恐是[illegible]字

涕隶哀故吏忉怛歔欷侄
佪四海宼蓋驚慬傷褢大
命有期寔惟天授明主設
位明府不就臣子詠養明
府弗留歔欷哀哉
𤔔白孝積幽窆表至㝠兮
●●●●拜議郎兮再命
帀將綬元=兮規英槊謨主
走信兮羽衛藩屏撫萬民
兮行●●●恩彌盛兮宜

侄佪即低佪
慬即慟
褢即懷
明主設位四字細審似嗣主踐位
𤔔即亂非辭字
拜作拜猶郎作郭餘釋作翔今本皆沿其誤而不察

叅鼎轔留餘禎兮不永靡
壽棄臣子兮仁敦海代著
甘棠兮刊石勒銘● 不亡
兮

靡即眉
棄即棄
代即岱

碑十七行行三十三字歐陽公以為漢滅多不成文隸釋缺者二十八字鵬翶既
原碑細審舊拓合叅各家增補惟亂曰已下缺九字以前皆可意會得之

碑陰

四列上三列五十四人末有二長行

故中部督郵都昌羽忠字定公
故門下督盜賊劇騰頌字叔遠
故門下議史平昌蔡規字中舉
故門下書佐營陵孫榮字丕榮

以下十八人在第一列

故門下書佐淳于逢訢字菿成
故騎吏劇替麟字敬石
故吏朱虛孫徵字武達
故吏營陵薛逸字佰踰
故吏營陵慶鴻字中●
故吏都昌呂福字孟●
故吏都昌張暘字元暘
故書佐都昌羽質字孟傲
故書佐朱虛鞠欣字君大
故書佐平壽淳于闓字久宗
故書佐營陵徐曾字曾華
故書佐都昌張彤字朋甫

佰即伯濰寧
州志作陌非

故書佐淳于孫悝字元卓
故書佐營陵鍾顯字槐寶
故行義劇張敵字公輔
故書佐劇秉禹字伯度
故書佐東安平閭廣字廣宗
故書佐劇紀政字世堅
故書佐淳于孫晄字威光
故循行都昌台丘暹字世德
故循行都昌董方字季方
故循行營陵畱叅字漢興
故循行都昌冀遷字漢久
故循行營陵是盛字護宗

以下十八人在第二列

循行即循行百官志注諸縣有書佐有循行有幹有小史書佐幹主文書者

故衙行營陵勿進字武平
故衙行營陵臨照字景燿
故衙行都昌張騰字臺卿
故衙行營陵淳于登字登成
故衙行營陵顔理字中理
故衙行營陵水丘郃字君石
故衙行都昌呂興字盍興
故衙行都昌逢進字盍安
故書佐劇徐德字漢昌
故書佐劇姚進字元豪
故書佐劇邴鍾字元鍾
故書佐都昌張翼字元翼

勿即力字古有力牧漢印有力歆私印萃編誤解作勿字

以下十八人在弟三列

故循行都昌張耽字季遠
故循行劇中晉字季遠
故循行平壽徐允字伯允
故循行淳于趙尚字上卿
故循行都昌段晉字世節
故循行都昌齊晏字本子
故午營陵是遷字世達
故午營陵留敵字元成
故午淳于董純字元祖
故午營陵繻良字世騰
故午朱虛炅詩字孟道
故午都昌台丘遷字孟堅

午疑即幹之渻

繻即孺

炅音桂太和
[illegible]有炅傳

故小吏都昌帝冰字文達

故小吏都昌張亮字元亮

行三年服者

凡八十七人

此二行在第四列之右

暨建甯詣惟故里吏慎終追遠

諒闇沈思守衛墳園仁綱禮備

陵成宇立樹列既就聖典有制

三載已究當離墓側永懷孿●

悲不可勝以義割志局著遺辭

以明廠意魂靈瑕顯降垂嘉祐

此在碑陰之末作二長行悲字不見字書扁悲疑石有扁紋者今每見山東碑有花斑石孿即戀字前同下一字都碑編作廠既不似悲悞作文

是碑结體瘦勁筆兼鋒隸與它碑異覃谿先生所謂可通其義于吳天璽三段碑也茲併其碑陰錄之且藉以識古異氏姓焉

漢司隸校尉楊君石門頌

石高漢尺九尺九寸廣七尺八寸二十二行
行卅或卅一字不等額題故司隸楗為楊
君頌在褒城縣石門摩厓

惟巛靈定位川澤股躬澤有
所注川有所通余谷之川其
澤南隆八方所達益域為充
高祖受命興於漢
中道由子午出散入秦建定
帝位以漢詆焉後以子午塗
路歮難更隨圍谷復通堂光

巛即坤
躬即肱
余即斜
充即衝
婁氏云命字垂筆長過二字
詆即氐非抵字
塗即塗
歮即澁

凡此四道垓鬲尤艱至於永
平其有四年詔書開余鑿通
石門中遭元二西夷虐殘橋
梁斷絕子午復循上則縣峻
屈曲流顛下則入冥廎寫輸
淵平阿湶泥常蔭鮮晏木石
相距利磨确磐臨危槍碭履
尾心寒空輿輕騎遰礙弗前

垓鬲與閡隔同

元二安帝永初之元年二年

復循各本作復修非

廎即傾

蔭即陰

磐即盤槍碭猶槍唐

遰礙即滯礙

惡虫蔽狩虵蛭毒蟃未秋截
霜稼苗夭殘終年不登匱餧
之患卑者楚惡尊者弗安愁
苦之難焉可具言於是明知
故司隸校尉犍為武陽楊君
厥字孟文深執忠伉數上奏
請有司議駮君遂執爭百遼
咸從帝用是聽廢子由斯得

惡虫蔽狩即惡蟲敝獸敝同憋惡也蛭即鉄說文鉄蛇惡毒長也此毒蟃亦謂毒長

犍即犍楊君名渙字孟文見華陽國志厥者語助詞舊稱楊厥碑誤遼即僚

其度經功飭爾要敞而晏平
清涼調和烝烝艾寧至建和
二年仲冬上旬漢中太守楗
爲武陽王升字稚紀涉
歷山道推序本原嘉君明知
美其仁賢勒石頌德以明厥
勳其辭曰
君德明明煓煥彌光剌過拾

艾即乂

煓即炳

遺廣清八荒奉魁承杓綏億
衙彊春宣聖恩秋貶若霜無
偏蕩〻貞雖以方寧靜烝庶
政與乾通輔主匡君循禮有
常咸曉地理知世紀綱言必
忠義匪石厥章廞弘大節讜
而益明揆往卓今謀合朝情
醳艱即安有勳有榮禹鑿龍

衙彊即禦强

廞即恢

醳即釋

門君其繼縱上順斗極下荅
巛皇自南自北四海攸通君
子安樂庶土悅雍商人咸憘
農夫永同春秋記異今而紀
功垂流億載世〻嘆誦
序曰明哉仁知豫識難易原
度天道安危所歸勤〻竭誠
榮名休麗

繼縱即
繼蹤

土即士
憘即喜

五官掾南鄭趙卲字季南屬褒中
鼂漢彊字產伯書佐西成王戒字
文寶主
王府君閔谷道危難分置六部道橋
特遣行丞事西成韓朖字顯公都
督掾南鄭魏整字伯玉後遣趙
誦字公梁案察中曹卓行造作
石積萬世之基或解高格下就
平易行者欣焉　伯玉即日

此主鐫石之事者故低一格另作一行

此平格

西成即西城朖即朗

王即三

焉下伯二空七格非另行

從署行丞事守安陽長

金石錄云余嘗讀後漢書鄧隲傳云時遭元二之災人士荒饑章懷太子注謂元二即元元引石鼓重文爲驗學者信之今此碑云中遭元二西戎虐殘若讀爲元元不成文理疑當時自有此語隸釋云順帝紀延光四年詔益州刺史罷子午道通褒斜路蓋从其所請也子午者長安正南山名褒斜者漢中谷名高祖開石門平帝時王莽以皇后有子孫瑞遂通子午安帝永初元年先零叛斷隴道寇三輔殺漢中守乃橋梁斷絕時也自明帝永平四年通石門至永初幾五十年自永初褒斜斷絕至延光四年凡十五六年水經云石門穿山通道六丈有餘即秦取蜀之石牛道楊君因而廣之門在漢中之西褒中之北褒水南歷褒口北出斜谷碑云元二二字大書非元元也王充論衡云今上嗣位元二之間嘉德布流三年零陵生芝草五本四年甘露降五縣五年芝復生六年黃龍見大小凡八則論衡所云元二蓋即位之元年二年也鶴樓論衡所云章帝之元年二年也此云元二安帝之元年二年也當活看

漢魯相乙瑛請置孔廟百石卒史碑 碑高建初尺八尺一寸廣三尺八寸
六行〻卌字末宋人題字一行在聖廟

司徒臣雄司空臣戒稽首
言魯前相瑛書言詔書崇
聖道勉學藝孔子作春秋
制孝經刪述五經演易繫
辭經緯天地幽讚神明故
特立廟襃成侯四時來祠
事已即去廟有禮器無常
人掌領請置百石卒史一
人典主守廟春秋饗禮財
出王家錢給犬酒直須報

吴雄 趙戒

學刪述三字尚存其過洪氏欵今補之

襃城侯孔均以西漢元始六年受封國在瑕邱

犬酒謂犬与酒非大酒

謹問太常祠曹掾馮牟史
郭玄辭對故事辟雍禮未
行祠先聖師侍祠者孔子
子孫大宰大祝令各一人
皆備爵大常丞監祠河南
尹給牛羊豕雞●●各一
大司農給米祠臣愚以為
如瑛言孔子大聖則象乾
以為漢制作先世所尊祠
用眾牲長吏備●●欲加
寵子孫敬恭明祀傳于罔

備下缺二字

豕即豕雞下缺二字

極可許臣請魯相為孔子
廟置百石卒史一人掌領
禮器出王家錢給犬酒直
他如故事臣雄臣戒愚戇
誠惶誠恐頓首頓首死罪
死罪臣稽首以聞
制曰可
元嘉三年三月廿七日壬
寅奏雒陽宮
司徒公河南原武吳雄
字季高

司空公蜀郡成都趙戒
字意伯
元嘉三年三月丙子朔廿
七日壬寅司徒雄司空戒
下魯相承書從事下當用
者選其年卌以上經通一
藝雜試通利能奉弘先聖
之禮為宗所歸者如詔書
書到言
永興元年六月甲辰朔十
八日辛酉魯相平行長史

元嘉三年五月丙申改元永興故六月係于永興也

事下守長擅叩頭死罪敢
言之
司徒司空府壬寅詔書為
孔子廟置百石卒史一人
掌主禮器選年卌以上經
通一藝雜試能奉弘先聖
之禮為宗所歸者平叩頭
叩頭死罪死罪謹案文書
守文學掾魯孔龢師孔憲
戶曹史孔覽等雜試龢脩
春秋嚴氏經通高第事親

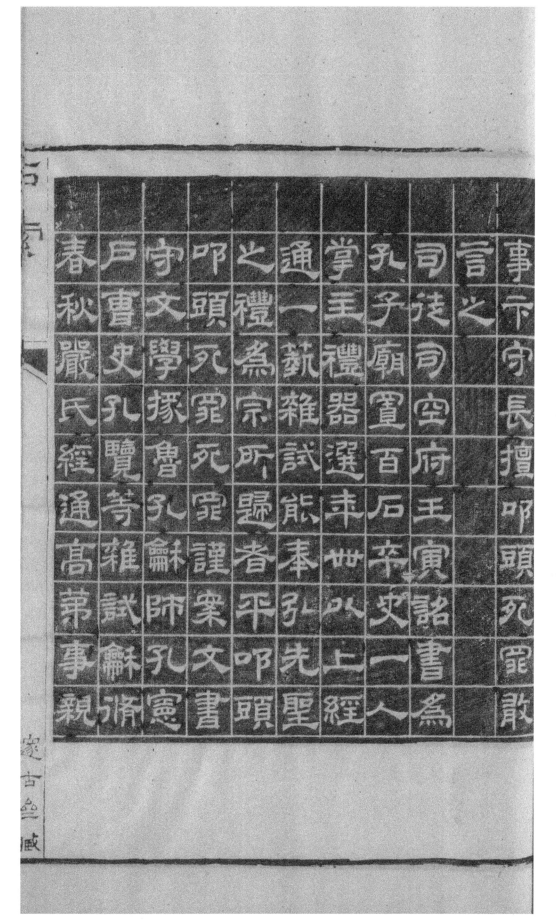

至孝能奉先聖之禮為宗
所歸除龢補名狀如牒平
惶恐叩頭死罪死罪上
司空府
讚曰巍巍大聖赫赫彌章
相乙瑛字少卿平原高唐
人令鮑疊字文公上黨屯
留人政教稽古若重規矩
乙君察舉守宅除吏孔子
十九世孫麟廉請置百石
卒史一人鮑君造作百石

熹察也

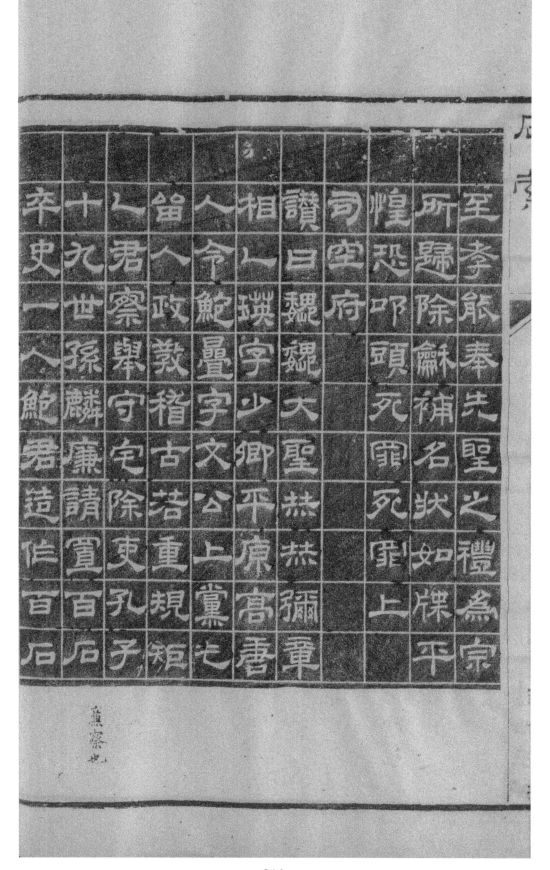

吏舍功垂无窮於是始
宋嘉祐七年張稚圭按圖題記

鍾元常於獻帝初始為黃門侍郎此碑在其前四十年必非鍾書

集古録云漢書元嘉元年吴雄為司徒二年趙戒為司空即此云臣雄臣戒是也漢碑多磨滅此幸完可讀録之以見漢制三公奏事如此与君岸臣上尚書者小異也又見漢祠孔子其禮如此

金石録云華陽國志後漢書注皆云趙戒字志伯此碑乃作意伯疑其避桓帝諱

隸釋云碑載孔子十九世孫麟請置百石卒史一人掌廟中禮器魯相乙瑛言之於朝司徒吴雄司空趙戒奏于上詔魯相選年四十以上通一經者為之時瑛已滿秩去後相平復以其事上於朝可見漢代文書之式三公奏于天子一也朝廷下郡國二也郡國上朝廷三也

百石卒史者秩百石之卒史也漢書儒林傳郡國置五經百石卒史又倪寬傳補廷尉文學卒史續漢書百官志引應劭漢官儀河南尹百石卒史二百五十人黃霸傳補左馮翊二百石卒史蓋秩有不同故石有多寡冉鵬按金石文字記及曝書亭集所論皆同而三國志及杜佑通典俱譌為百戶吏卒山東通志及闕里志俱譌為百戶卒史寔由于石戶二字相似故不深考今魯人直稱為百戶碑而以廟負之百戶當之不知百石掌禮器百戶守林墓其制不同百石置自漢百戶始于金元其時又不同沿誤已久不能不為之辨

漢魯相韓勅造孔廟禮器碑 碑高漢尺七尺一寸廣三尺二寸十六行行三十六字無額在曲阜縣孔廟

惟永壽二年青龍在涒歎
霜月之靈皇極之日魯相
河南京韓君追惟大古華
胥生皇雄顏[illegible]育孔寶俱
制元道百王不改孔子近
聖為漢定道自天王以下
至于初學莫不驚思嘆卬
師鏡顏氏聖舅家居魯親
里并官聖妃在安樂里聖

丙申歲
霜月皇極疑是九月五日
驚即驥冀 卬即仰甥即舅

族之親禮所宜異復顏氏
并官氏邑中繇發以尊孔
心念聖歷世禮樂陵遲秦
項作亂不尊圖書倍道畔
德離敗聖輿食糧亡于沙
丘君於是造立禮器樂之
音符鐘磬瑟鼓雷洗觴觚
爵鹿柤梪籩柉禁壺脩飾
宅廟更作二輿朝車威熹
宣抒玄汙以注水流法舊

復如瀆井復民之復復二氏繇發謂免其差徭及徵發也漢王良傳詔復其子孫徭役

雷即罍鹿即角柤梪即俎豆籩即盛盃也禁如方案以承樽者壺即壺

不煩備而不奢上合紫臺
稽之中和下合聖制事得
禮儀於是四方土仁聞君
風燿敬咏其德尊琦大人
之意違彊之思乃共立表
石紀傳億載其文曰
皇戠統華骨承天畫卦顏
育空桒孔制元孝俱祖紫
宮大一所授前闓九頭以
升言敦後制百王獲麟來

土即土仁即人
琦卓犖貌
違音緯遠
也彊即彌
久也
皇字出格
今平寫
戲即伏羲
闓即開九
頭謂人皇
升言非什
言

吐制不空作承天之語乾
元以來三九之載八皇三
代至孔乃備聖人不世期
五百載三陽吐圖二陰出
識制作之義以俟知奧於
穆韓君獨見天意復聖二
族逴越絕思脩造禮樂胡
輦器用存古舊宇殷懃宅
廟朝車威熹出誠造□涞
不水解工不爭賈深除玄

八皇者考隋經籍志云河圖九篇雒書六篇黃帝至周文王所受本文又別有三十篇自周初至孔子九聖之所增衍碑除孔子說故曰八皇

胡輦即瑚璉

涞即漆

汙水通四注禮器升堂天
雨降澍百姓訢和舉國蒙
慶神靈祐誠竭敬之報天
與廟福永享年壽上極華
嵩高佼皇代刊石表銘與
乾運燿長期蕩蕩於盛復
授赫赫罔窮聲垂億載
韓明府名勅字叔節
穎川長社王玄君真二百
河東大陽西門儉元節二百

四字舊缺今補

年即眉

佼即侔

故涿郡大守魯麃次公五千
故會稽大守魯傅世起千
故樂安相魯麃季公千
故從事魯張嵩眇高五百
相主簿魯薛陶元方三百
相史魯周乾伯德三百

麃即魯王墓前石人所稱樂安太守麃君

碑陰 共三列每列十七行

曲成侯王暠二百
河南成皐蘇漢明二百其人處士
河南雒陽种亮奉高二百
故兗州從事任城呂育季華三千

睾即皐

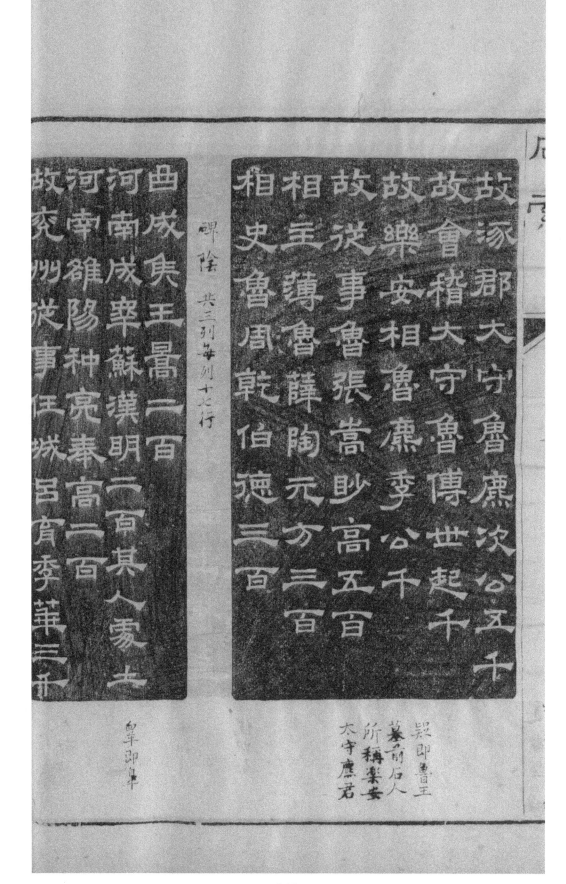

故下邳令東平陸王褒文博千

故潁陽令文陽鮑宮元威千

河南雒陽李申伯百一

趙國邯鄲宋瑱元世二百

彭城廣戚姜尋子長二百

平原樂陵朱恭敬公二百

平原濕陰馬瑨元巽二百

彭城蘇治世平二百

泰山鮑丹漢公二百

京北劉安初二百

下邳周宣光二百

河間東州齊伯宣二百

戚即戚

濕即溼

陳國苦虞崇伯宗二百
潁川長社王季孟三百
汝南宋公國陳漢方二百
山陽南平陽陳漢甫二百
任城畨君舉二百
任城王子松二百
任城謝伯威二百
任城高伯世二百
相主簿薛曹訪濟興三百
相中賊史薛虞韶興公二百
薛弓奉高二百
相史卞吕松[illegible]遠百

熹平三年
左馮翊池陽
項伯脩來

熹平以下十三字在伯威伯世之下前人未見惟覃溪先生以譣陽顧蓉云美所藏舊拓審之得之

文陽蔣元道二百

文陽王逸文豫二百

魯石子重二百

北海劇袁隆展世百

魯周房伯臺百

遼西陽樂張普仲堅二百

故薛令河內溫朱熊伯玢五百

故豫州從事蕃加進子高千

南陽宛張光仲孝二百

河南雒陽王敬子慎二百

山陽金鄉師翟汶 翟赦子著七人所作

文即汶

仲堅以下五人亦散綴在每列之下非一手所書故另列于後

山陽一行在上列左邊人俱失拓

碑右側　共四列每列四行

山陽瑕丘九百元臺三百
蕃國廣張建平二百其人處士
上黨長子楊萬子三百
處士魯孔徵子舉二百
魯徐伯賢二百
魯劉聖長二百
河南匽師胥鄰通國三百
河南平陰樊文高二百
河東臨汾敬信子直千
河南雒陽左叔寘二百
東郡武陽董元厚二百

范史瑕邱屬山陽郡金石存九百非泉數人姓名又潛研堂跋引何氏姓苑云依縣人姓九百名里為縣小吏則此九百為複姓元臺為名更合

騶車仲卿二百
處士魯劉靜子著千
故從事魯王陵少初二百
故督郵魯开煇景高二百
魯曹悝初孫二百
魯劉元達二百
故督郵魯趙煇彥臺二百
郎中魯孔宙季將千
御史魯孔翊元世千
大尉掾魯孔凱仲弟千
魯孔曜仲雎二百
處士魯孔方廣率千

开音弁与并官氏不同

此即泰山都尉孔宙

魯孔巡伯男二百

魯孔憲仲則百

尚書侍郎魯孔彪元上三千

魯孔汎漢光二百

守廟百石魯孔恢聖文千

褒成侯魯孔建壽千

故從事魯孔樹君德千

魯孔朝升高二百

行義掾魯弓如術都二百

魯劉仲俊二百

魯夏侯慮頭二百

魯孔儀甫五百

儀甫以下六人散綴列下

石索

東郡武陽桓仲豫二百
泰山鉅平韋仲元二百
泰山費淳于隱季遺二百
故安德矦相彭城劉霸伯存五百
故平陵令魯麃恢元世五百
蕃王狼子二百

碑左側　共三列每列四行

東海傅河東臨汾敬謙字季松千
時令漢中南鄭趙宣字子雅
故丞魏令河南京丁琮叔舉五百
左尉北海劇趙福字仁直五百
右尉九江浚遒唐安季興五百

霸即霸
蕃地名王狼子人名

司徒掾魯巢壽文后三百
河南匽師度徵漢賢二百
南陽平氏王自子尤二百
相守史薛王芳伯道二百
相行義史文陽公百煇世平百
魯傅兖子豫二百
魯孫般三百
魯孔建壽二百
任城亢父治真百
魯孔昭叔祖百
亓廬城子二百

河南偃師都元敬作河濱退師謬

公百即公伯複姓

任城亢父都元敬作侯我交父謬

亓即卞

金薤琳琅云說者謂此碑雜用讖緯不可盡通余觀東漢自光武以來

伏苻即位篤好圖讖臣下效之漢末尤熾不特此碑然也
金石遺文錄云顏氏聖舅居魯親里并官聖妃在安樂里乃啓聖公
夫人顏氏宣聖夫人并官氏所居之地二里今不可考矣曰食糧亡于沙
邱闕里志云秦始皇發孔子墓既啓見冢壁上刻文云秦始皇何強梁
開吾戶據吾牀飲吾漿唾吾堂飡吾飯以為糧張吾弓射東墻
前至沙邱當滅亡蓋用其語
金石存云家語孔子娶于宋并官氏萬姓統譜引先賢傳孔子娶
并官氏并讀去聲皆與此碑同今闕里志誤作亓俗讀如稽蓋形
聲俱誤矣乃或者不考反以幷為非謬甚
兩漢金石記云并官聖妃方綱謹按宋鄧名世古今姓氏書辨證十四清
內有幷官複姓注引先賢傳孔子娶幷官氏生伯魚近日顧南原隸
辨吳山夫金石文存亦皆以幷為是又於國學暨江寧府學見元謝
加封詔書碑皆書作并楷隸相證愈無可疑何義門曰王伯厚姓
氏急就篇及宋本東家雜記皆作并而正義中反从流俗作亓吾
非宋本何以析疑張頊曰宋大中祥苻元年鄆國夫人勅亦曰并官
氏

錢竹汀云霜月者相月也爾雅七月為相顏育空桑空桑者窮桑
也左氏昭九年傳遂濟窮桑注窮桑地在魯北蓋空窮通用
錢繹小廬隨筆云碑中顏育空桑隸釋引呂覽伊尹事為證議
其不經繹按是碑多用讖緯之文後漢書班固傳注引春秋演孔
圖云孔子母徵在夢遊于大冢之陂黑帝使請已往夢與語曰女乳必
於空桑之中覺則若有所感後生孔子於空桑之中即其事也
鵙案碑中以斗言教舊釋不誤而潛研堂跋尾改作什言轉謂婁機
頗譌吉釋什為斗文義難曉而不難曉也此碑純用讖緯乃當時
所尚隋經籍志說者云孔子既敘六經別立讖緯以遺來世其書出于前
漢蓋當世以緯出于孔如禮緯有斗威儀春秋緯有運斗樞所謂以斗言
教也且碑文斗作什亦絕与什字不類不容強也蘭泉先生引緯証經謂
其無大異文極宏通惜猶承什言之誤故表出之
鵜按并官氏前論已悉今相沿為开官者別本傳刻之誤如唐有亓
志紹宋有亓贇近世陽穀平陰亦多亓姓即碑陰內亓煇之亓又沿作
亓讀如其与并官複姓迥異頃見王蓮湖漢印中有并官武可為并
官氏之確証矣

漢泰山都尉孔宙碑

碑併額高漢尺一丈二尺有奇廣四尺五分額有暈三重碑十五行行廿六字在曲阜孔廟

額篆文十字云有漢泰山都尉孔君之碑字大五寸餘

有漢泰山都尉孔君之銘
君諱宙字季將孔子十九
世之孫也天姿醇嘏齊聖
達道少習家訓治嚴氏春
秋緝熙之業既就而閨閭
之行允恭德音孔昭遂舉
孝廉除郎中都昌長祗傳
五教尊賢養老躬忠恕以
及人兼禹湯之辠己故能
興朴□□彫幣濟弘功於

碑題次行另起

漢有春秋二家一為顏安樂一為嚴彭祖

祗傳猶敬敷

易簡三載考績遷元城令
是時東嶽黔首猾夏不●
●●祠兵遺畔未寧乃擢
君典戎訊文循之旬月之
閒莫不解甲服罷●●●
撟田畯喜于荒圃嗇旅文
乎險路會慮鳴於樂崩復
長多於酬酢●●●稔會
遭薦病告困致仕得從所
好年六十一延熹六年正

兵畔即兵叛
典戎即都尉職
桓帝紀初置泰山瑯琊都尉官
應劭云每有劇職即臨時置事訖罷之
攷泰山都尉置在永壽元年罷在延熹八年

月乙未氵□□庚責速朽
之反真慕寧偷之遺剔寔
夕不華明器不設凡百卬
高□□□述於是故吏門
人乃共陟名山采嘉石勒
銘示後俾有彝式其辭曰
於顯武君𨞲德惟光銘聖
佐儒身立名彰貢登丕室
閭閭是叀夙夜□□在公
明明乃綏二縣彩儀訊康

剔即則

卬即仰

於顯提行

丕即王

泐文闕字下似閭字

於亓時靡擽茲似方師彼
凶人覆俾●●南敵孔鹽
山有秉行豐季多柔稱彼
兆能帝穎其歎民斯是皇
疾●●●乃委其勞忠吉
豎勤憂省乃聽恭儉自繼
盖墓不敶生播高譽殁永
令名永夫不刊音載揚聲
延熹七季七月戊●造

卞借爲變
敂即訟
兇即兇
盖即蓋
敶即陳
意即億

碑陰

題首一行居中下分三列每列二十一行共六十三人

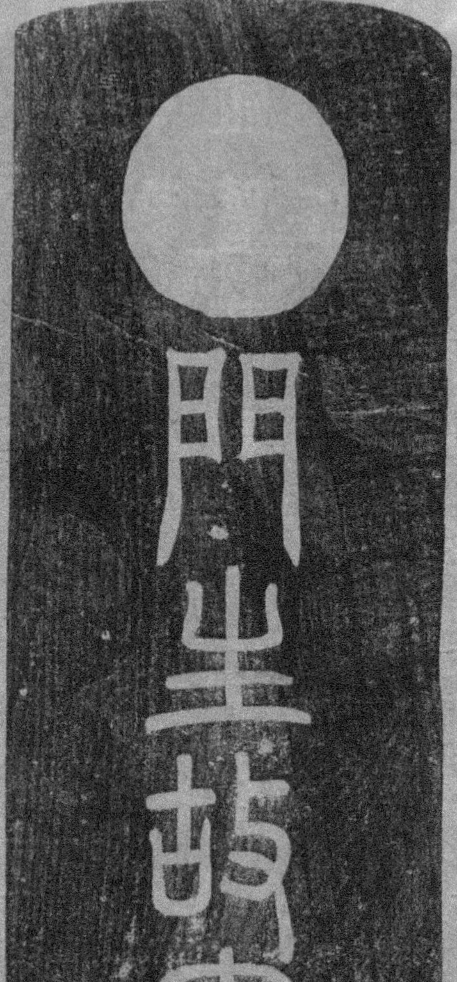

門生故吏名五篆文字大三寸許在穿下猶碑額然

門生東平寧陽韋勳字多昌
門生魏郡館陶張上字仲舉
門生魏郡館陶王時字子表
門生魏郡陰安張典字少高
門生魏郡魏孟忠字待政
門生魏郡魏李鎮字世君
門生魏郡館陶吳讓字子敬
門生魏郡館陶文儉字元節
門生魏郡館陶肥瑱字仲睢
門生魏郡鄴暴香字伯子
門生東郡東武陽梁淑字元祖
門生東郡衛公國趙恭字和平

門生東郡東武陽張表字公方
門生東郡東武陽滕穆字奉德
門生東郡樂平桒演字仲厚
門生東郡樂平靳京字君賢
門生東郡樂平梁布字叔光
門生東郡樂平桒顥字伯異
門生陳留平丘司馬規字伯昌
門生安平下博張祺字叔松
門生安平下博張朝字公房
門生安平下博蘇觀字伯臺
門生安平堂陽張琦字子異
門生北海安丘齊納字榮謀

門生北海都昌呂升字山甫
門生北海劇秦麟字伯麟
門生北海劇如盧浮字遺伯
門生北海劇薛顗字勝輔
門生北海劇高冰字季超
門生濟南梁郡趙震字叔政
門生濟南梁郡徐璜字多文
門生濟南東平陵吳進字升臺
門生甘陵廣川李都字元章
門生甘陵貝丘賀曜字升進
門生魏郡清淵許祺字升明
門生魏郡館陶史崇字少賢

知盧視
姓

門生魏郡館陶孫忠字府文
門生東郡樂平盧循字子節
門生任城任城□□字景漢
門童安平下博張忠字公直
故吏北海都昌逢祈字伯憙
故吏北海都昌逢章字文理
故吏北海都昌魏稱字文長
故吏北海都昌呂規字元規
故吏泰山費魚淵字漢長
故吏泰山華毋樓規字世光
故吏泰山南城魚規字世舉
故吏泰山南武陽蕭誨字伯謀

城字尚存戈法補之任城任城猶後言下邳下邳延字不識姓苑惟逢盛碑有都呂延卑

故民泰山費淳于黨字季道
弟子北海劇陸逞字孟輔
弟子陳留襄邑樂禺字宣舉
弟子下郝下郝朱班字宣
弟子東平寧陽周順字承
弟子沛國沛周升字仲甫
弟子魯國□陽陳襄字聖博
弟子汝南平輿謝泮字子讓
弟子山陽瑕丘丁琁字實堅
弟子魯國戴璋字元珪
弟子魯國亓王政字漢方

郝即邳

碑左側　此唐人題記因碑側窄而長故分上下截書之今合併從朝議起左讀

先聖陵謹記

邑大夫臧公謁

大中元年四月廿四日同

門生將仕郎前守宣州廣德縣尉裴章

食邑三伯户賜緋魚袋高元度

朝議郎前行蘇州常熟縣令上柱國蒲縣男

朝議在上段大中在下段順看自明金石志以大中為先以朝議為又題者非

碑右側　此宋人題記右讀原文作兩長行

太子中舍同判兗州梁邁著作佐郎崔豐
四十六代孫文宣公佑同謁
先聖陵
大宋天聖元年癸亥季秋望日進士劉炳題

左側字徑二寸右側字及寸皆後人謁　孔林題記其時碑在宙墓也乾隆年
移于　聖廟

隸釋云孔君名宙即融之父威宗延熹六年正月卒碑以次年七月立宙有七
子曰謙曰褒皆見于碑誌凡漢刊其首行即入詞無額者或題其前如張納
樊安之比亦甚少已篆其上復標其端惟此碑耳又云漢碑多有陰然少

有額獨此刻以五大篆表其上凡門生四十二人門童一人故吏八人故民一人都昌者四泰山者五漢儒開門受徒著錄有盈萬人者其親受業則曰弟子以久次相傳受則曰門生未冠曰門童總而稱之皆門生舊所治官府其掾屬曰故吏占籍者曰故民非吏非民則曰處士素非所涖則曰義士義民亦有稱議民賤民者

金石文字記云後漢書孔融父伷泰山都尉非也嘗依碑作宙其名伷者別自一人董卓傳以陳留孔伷爲豫州刺史注引英雄記伷字公緒此孔宙又見韓勑碑陰云郎中魯孔宙季將千

鵬按此碑古秀而逸是漢隸中以韻致勝者其兩面篆額婉秀乃一手所書其碑陰隸法端謹又似別出一手殆不可曉金石畧云此碑書法古逸陰而不肆其旁出逶迤而長極其勢以去如不欲還相其波畫紛披如人偏布其手足而卧又云碑陰書體謹密結撰廣穩如蟄蟲蟠屈深冬自衛可云善於體會矣予觀同文門所列古碑以禮器爲第一此爲第二故全臨其四面以志服膺焉

漢孔謙碣

碑高二尺二寸額高一尺二寸通高漢尺三尺四寸廣二尺

額有穿〻上有暈又有兩暈環其頂在曲阜縣孔廟

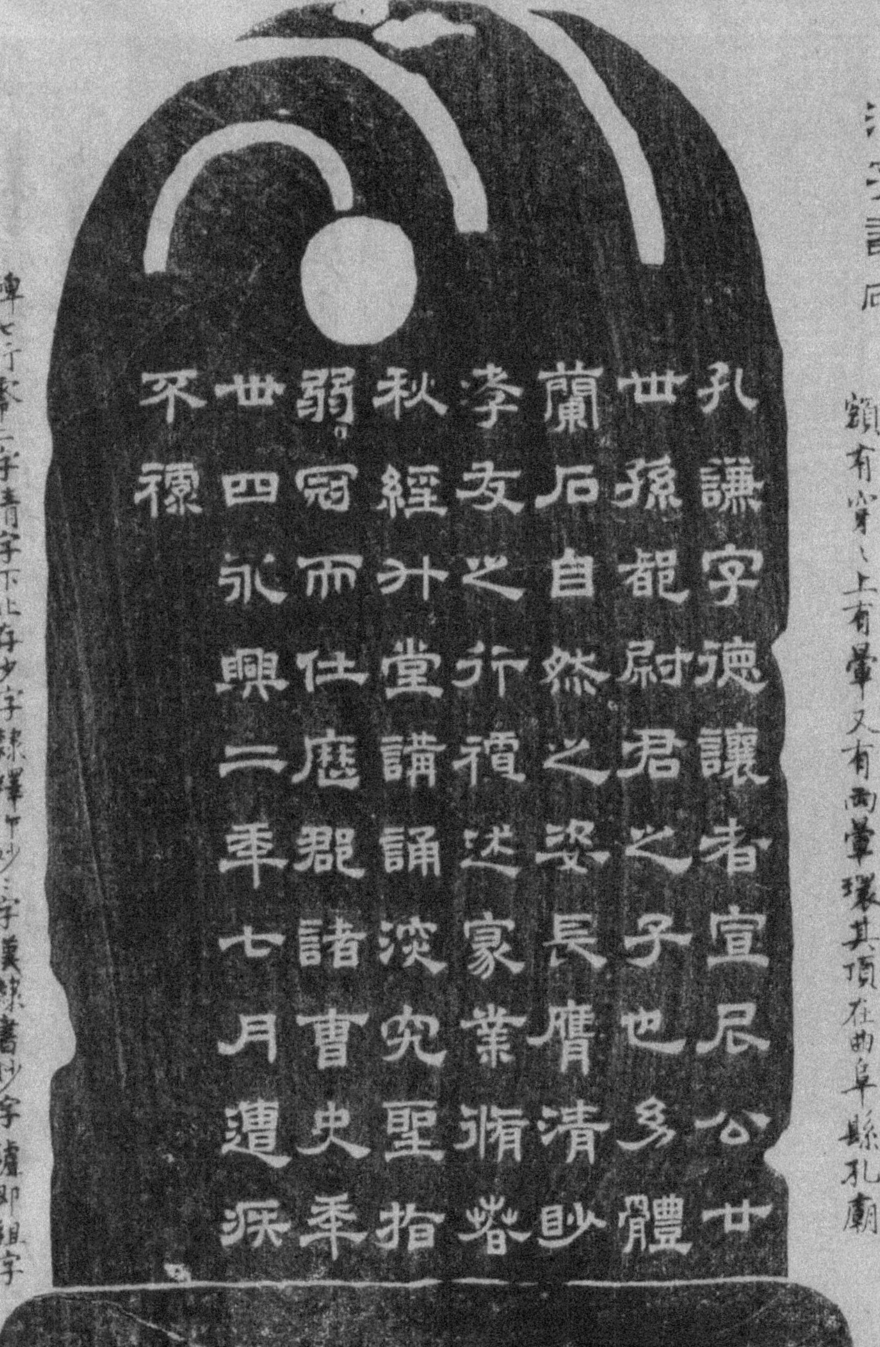

碑七行零二字清字下止存少字隸釋作妙〻字漢隸書眇字禎即祖字

邃古盦藏

集古録云右漢孔德讓碑永興孝桓帝年號其人早卒無事蹟可考
余集録所藏孔林中漢碑最後得此遂無遺者
隸釋云其名不甚可辨考孔氏譜得之所謂都尉君者太山都尉宙也孔
融别傳云宙有七子融之次第六載于譜録者惟有謙褒融三人
授堂金石跋云碣文今益漫漶惟後年卅四顯據今集古録訛作廿又脱
四字洪氏亦訛作廿傳刻之過也流俗人謂孔宏碑蓋失檢爾

漢魯相史晨祀孔子奏銘 碑高漢尺七尺二寸廣三尺六寸十七行行卅六字無額金石萃少末一層故刻卅五字在曲阜孔廟

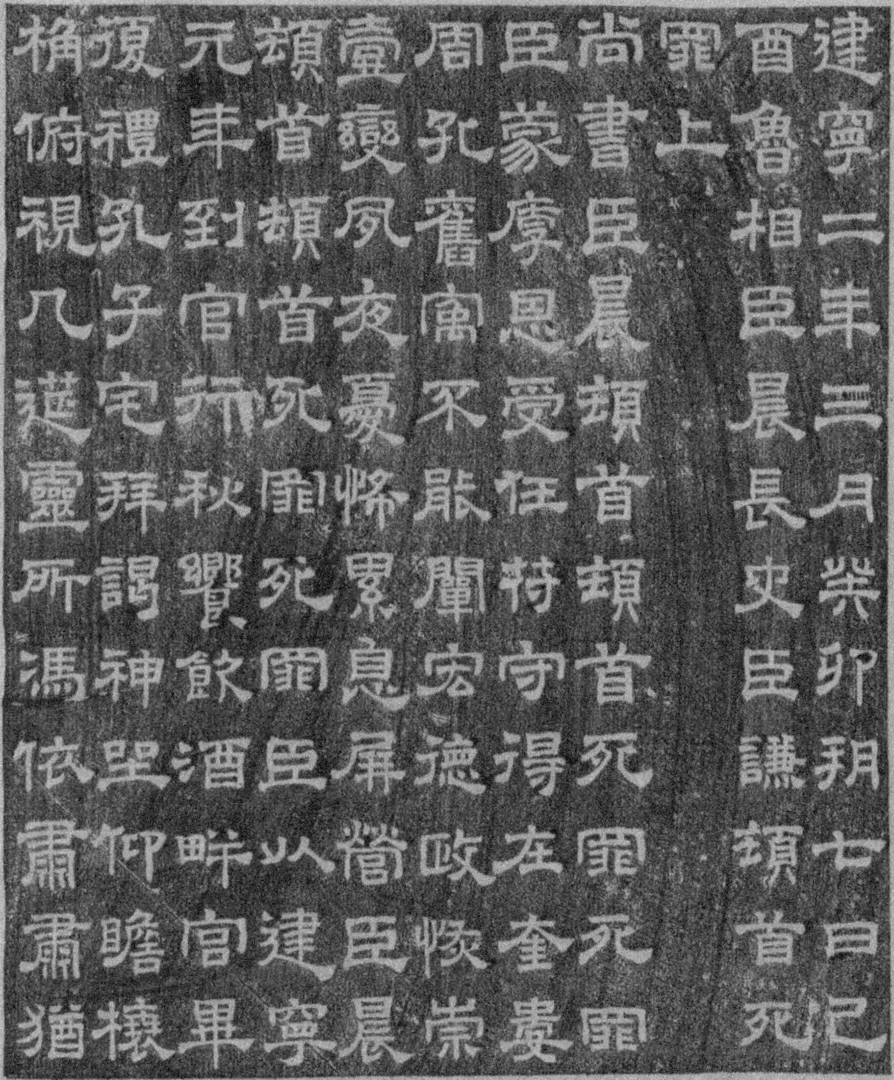
建寧二年三月癸卯朔七日己
酉魯相臣晨長史臣謙頓首死
罪上
尚書臣晨頓首頓首死罪死罪
臣蒙厚恩受任符守得在奎婁
周孔舊寓不能闡弘德政恢崇
壹變夙夜憂怖累息屏營臣晨
頓首頓首死罪死罪臣以建寧
元年到官行秋饗飲酒畔宮畢
復禮孔子宅拜謁神坐仰瞻榱
桷俯視几筵靈所馮依肅肅猶

漢靈帝之二年

悑即怖

畔即泮周公禮殿記亦作畔宮

孝而無公出酒脯之祠臣即自
以奉錢脩上案食醊具以敘小
節不敢空謁臣伏念孔子乾巛
所挺西狩獲麟為漢制作故孝
經援神挈曰玄丘制命帝卯行
又尚書考靈燿曰丘生倉際觸
期稽度為赤制故作春秋以明
文命綴紀撰書脩定禮義臣以
為素王稽古德亞皇代雖有衰
成世享之封四時來祭畢即歸
國臣伏見臨辟雍曰祠孔子以
大宰長史備爵所以尊先師重

巛即坤
挈即契
倉即蒼

敎化也夫封土為社立稷而祀
皆為百姓興利除害以祈豐穰
月令祀百辟卿士有益於民矧
乃孔子玄德煥炳光于上下而
本國舊居復禮之日闕而不祀
誠
朝廷聖恩所宜特加臣寑息耿
耿情所思惟臣輒依社稷出王
家穀春秋行禮以共煙祀餘
賜先生執事臣晨頓首頓首死
罪死罪臣盡力思惟庶政報稱
為效增異輒上臣晨誠惶誠恐

土即土

煙即禋餘下洪闕文闕里志補賜字蓋因晨後碑有餘胙賦賜句

頓首頓首死罪死罪上
尚書　時副言大傳大尉
司徒司空大司農府治所部從
事
昔在仲尼汁光之精大帝所挺
顏母毓靈承敝遭衰黑不代倉
周流應聘歎鳳不臻自衛反魯
養徒三千獲麟趣作端門見徵
血書著紀黃玉韻應主為漢制
道審可行乃作春秋復演孝經
刪定六藝象與天談鉤河擿雒
却揆未然巍巍蕩蕩與乾比崇

以下銘詞不在奏內　汁即叶闕東曰協闕西曰汁　流上泐文似周字依山東通志補入　端門在孔廟東南　攈古學字

集古錄云漢魯相上尚書章其略云云於此見漢制天子之尊其辭稱頓首死罪而不敢斥至尊因尚書以致達而已斯碑首尾完備可見當時之制

隸釋云此靈帝建寧二年立按永興元年孔龢碑載吳雄奏用辟雍禮春秋饗孔廟出王家錢給大酒直距此才十七年史晨復云到官秋饗無公出酒脯之祠至於自用奉錢乞依社稷出王家穀以共禋祀此蓋有司崇奉不虔不旋踵廢格也孔龢碑中吳雄奏章則云奏雒陽宮此亦奏牘乃云上尚書者郡國異於朝廷不敢直達帝所因尚書以聞也樊毅復華下民租奏式與此同

金石存云銘云昔在仲尼汁光之精又云承敝遭衰黑不代倉者以孔子為黑帝汁光紀之精而不得代周有天下也汁即叶字又云獲麟趣作端門見徵血書著紀黃玉韶應者公羊傳何休注云獲麟之后天下血書魯端門曰趨作法孔子沒周姬亡彗星出秦政起□破術書紀散孔不絕子夏明日往視之血書飛為赤烏當時蓋有此說皆緯書所載漢人一時傳習如禮器卒史諸碑言多相近至以孔子作春秋謂為漢制則尤傅會

潛研堂跋云晨既奏言于朝以其副上太傅等者猶今時題本之有副又有揭

帖也
山左金石志云此碑下一層嵌置趺眼鄉來拓本難于句讀自乾隆己酉
冬何夢華將趺眼有字畫處鑿開全文復顯
小廬隨筆云碑引孝靈燿曰某生倉際觸期稽度為赤制按水經
注引春秋演孔圖云烏化為書孔子奉以告天赤爵銜書上化為黃玉
刻曰孔提命作應法為赤制孔子卒以所受黃玉葬魯城北後云黃玉
韘應亦本此
萃編云末云增異輒上按通鑑漢靈帝徵董卓為少府卓上書言輒
將順安慰增異復上胡三省注引李賢曰如其更增異志當復聞上也銘
云黑不代倉者孝經鉤命決云某為制法之主黑綠不代蒼黃碑蓋
用其語

漢史晨饗孔廟後碑

此文即刻于前碑之後高廣同前凡十四行三十六字九行以後卅五字後刻唐人題記四行

相河南史君諱晨字伯時從越
騎校尉拜建寧元年四月十一
日戊子到官乃以令日拜謁孔
子望見闕觀式路虔跽既至升
堂屏氣拜手祗肅屑僾髣髴若
在依依舊宅神之所安春秋復
禮稽度玄靈而無公出享獻之
薦欽因春饗導物嘉會述脩璧
廱社稷品制即上尚書參以符
驗乃敢承祀餘胙賦賜刊石勒
銘并列本奏大漢延期彌歷億

虔卽薦

萬
時長史廬江舒李謙敬讓五官
掾魯孔暢功曹史孔淮戶曹掾
薛東門榮史文陽馬琮守廟百
石孔讚副掾孔綱故尚書孔立
元世河東大守孔彪元上處土
孔褒文禮皆會廟堂國縣員冘
吏無大小空府竭寺咸俾來觀
并畔官文學先生執事諸弟子
合九百七人雅歌吹笙考之六
律八音克諧蕩邪反正奉爵稱
壽相樂終日於穆肅雝上下蒙

汶陽馬琮
見竹葉碑

土即士
冘即冗

畔官即泮
宫

福長亨利貞與天無極
史君饗後部史仇誧縣吏劉耽
等補完里中道之周左廧垣壞
決作屋塗色脩通大溝西流里
外南注城池恐縣吏斂民侵擾
百姓自以城池道濡麥給令還
所斂民錢材
史君念孔瀆顏母井去市遼遠
百姓酤買不能得香酒美宍於
昌平亭下立會市因彼左右咸
所願樂
又勑瀆井復民餝治桐車馬於

史君以下字稍大
廧即牆
壞即壞
濡即壖
材即財
宍即肉
桐車馬以桐木為車馬若武紀作木偶馬

瀆上東行道表南北各種一行
梓
儆夫子家顔母开舍及魯公家
守吏凡四人月與佐除

大周𠀑𥠢二𠦚二𠥱廿三𡆠金臺
觀主馬元貞弟子楊景𡔈郭希玄
奉　勅於東岳作功德便謁
孔夫子之廟題石記之　内品官楊君尚
歐陽智琮　宣德郎行兗州都督府
倉曹參軍事李村度

开即井之小篆兩直不上出與井姓不同

𥠢即授𠦚即年𠥱𡆠即月日𡔈即初此武后自製文

隸釋云前碑載奏請之章此碑叙饗禮之盛其補牆垣治瀆井

種梓守冢皆在饗後之事字畫亦大小不等蓋史君孔林中事
不一書也
閻若璩四書釋地云孔子時無闕里之名首僅見漢書梅福傳東漢
後方盛稱之蓋緣魯恭王徙魯于孔子所居之里造宮室有雙闕焉
人因名孔子居曰闕里一徵于水經注孔廟東南五百步有雙石闕即
靈光之南闕一徵于史晨饗孔廟後碑以今日拜謁孔子望見闕觀
尔時闕尚存可得其名里之由
王虛舟跋云金石錄碑目將二碑前後易置蓋曰前碑之首云二年
後碑之首云元年而誤也史晨祀孔子在二年而到官在元年後碑
乃追叙其到官之期并隱括前碑之旨而備言之
桂未谷跋云孔瀆顏母井按瀆當爲竇隸書假借今尼山下有石竇
俗稱夫子洞是也東爲顏母山山前有顏母莊俗呼母莊古井在焉其西
有魯顏莊俗譌魯源禮器碑謂顏氏聖舅居魯親里即此也碑言
昌平亭下立會市今昌平山在尼山南沂水界之則昌平亭當在水南矣
前碑云飲酒畔宮此碑作畔官者隸體宮字多書作官如北海相景
君碑陰營陵並作營陵是也

漢淳于長夏承碑

舊碑出自洺州河堤土壤者已亡今所傳者明嘉靖癸卯郡守唐曜重刻碑〻首止夏承碑三字在廣平府永年縣漳川書院此從梁尚書國治所刻雙鉤舊碑縮之從隸續補臨碑額漢北海淳于長夏君碑九字于前隸續云圭首上有暈二重古漢有一重篆額三行

君諱承字伸究東萊府君
之孫大尉掾之中子右中
郎將弟也累葉牧守印紱
典據十有餘人皆遷任其
位名豊其爵是故寵祿傳
于歷世帯薰著于王室君
鍾其美受性淵懿含和履
仁治詩尚書兼覽羣藝靡
不尋暘州郡更請屈己匡
君為主簿督郵五官掾功

爵即爵

帯薰即
策勳

曹上計掾守令冀州從事
所在執憲彈繩糾枉忠絜
清肅進退以禮允道篤愛
先人後己克讓有終察孝
不行大傅胡公歆其德美
旌招俯就羔羊在公四府
歸高除淳于長到官正席
流恩褒譱糾姦示惡旬月
化行風俗改易轓軒六轡
飛躍臨津不日則月晧天

舊本今本俱作糾柱茲從隸釋作糾枉

戀即轡

晧即昊

不弔殲此良人年五十有
六建寧三年六月癸巳淹
疾卒官嗚呼痛哉臣隸辟
踊悲動左右百姓號咷若
喪考妣咳孤憤泣忉怛傷
摧勒銘金石惟以告哀其
辭曰
於穆皇祖天挺應期佐時
理物紹縱先軌積德勤約
燕于孫子君之羣感並時

淹即奄

咳即孩

勤約今本作勤紹洪隸釋作約

蘇祉明明君德令問不已
高山景行慕前賢列庶同
如蘭意顯未止卑遭寬夭
不終其紀夙世實祉昇喪
藏寶抱器幽潛永歸蒿里
痛矣如之行路感動黨魂
有靈鑒後不朽

寬夭

黨即儻
漢伍被
傳儻可
以僥幸

隸釋云淳于長夏君碑元祐中洺州治河堤始得之字體頗奇怪唐八分蓋所祖述漢字有八分有隸其學中絕不可分別梁庾元威作書論載隸有十餘種曰芝英隸花艸隸幡信隸鐘鼎隸龍虎隸鳳魚隸麒麟隸仙人隸科斗隸雲隸蟲隸龜隸鶴隸此碑蓋其間之一體

王惲秋澗集云蔡邕書夏承碑如夏金鑄鼎氣模怪譎雖蛇神牛鬼厖

雖百出而衣冠禮樂已胚胎乎其中所謂氣陵百代筆陣堂ゝ者乎碑
在今廣平府學
弇州山人四部稿云碑稱夏君於建寧三年六月卒官而是時伯喈由橋
司徒府出長河平入為郎中又其隸法時ゝ有篆籀筆與鍾梁諸公
小異而骨氣洞達精彩飛動疑非中郎不能也但蔡集不載而它書
亦無可考姑闕以俟知者
汪師韓ゝ門綴學云是碑古今搨本不同不獨書法妍醜異也其款式字
蹟之別亦有三端勤約勤紹字之不同一也舊額漢北海淳于長夏君碑
九字今本只夏承碑三字而銘詞下刻一方圍內作楷書淳于長夏承
碑六字碑末直書建寧三年蔡邕伯喈書標題之不同又其一也舊本
十四行ゝ二十七字今本十三行ゝ三十字行數之不同又其一也然則嘉靖本
固非成化本而成化本亦非元祐本矣淳于故城在青州府安邱縣而是碑
乃出廣平事有不可解者
翰按是碑筆法變動左右向背不拘常格信有花艸鸞鳳之勢而唐
氏蹤本自稱遒勁不失漢風格其碑拓亦有可觀但飛動之神減矣

漢李翕黽池五瑞圖石刻

石在甘肅階州之成縣即漢之下辨隸釋云李君昔治黽池臻此瑞物及西狹摩厓因刻于前非碑陰也此論甚明而洪氏乃自刻于西狹頌後名為五瑞圖碑故後人仍以為碑陰不以為摩厓百今得全拓本五瑞啚寔與西狹頌毘連為一石而刻于前兹因其前而先之惟黃龍二字較大獨昂出于啚畫之上而衡官掾數行又在連理木樹根之下自底至巔高漢尺九尺廣四尺三寸直幅甚高不能仍縮直圖故展作橫啚而以衡官掾數行別次于後

白鹿
承露人
甘露降
嘉禾

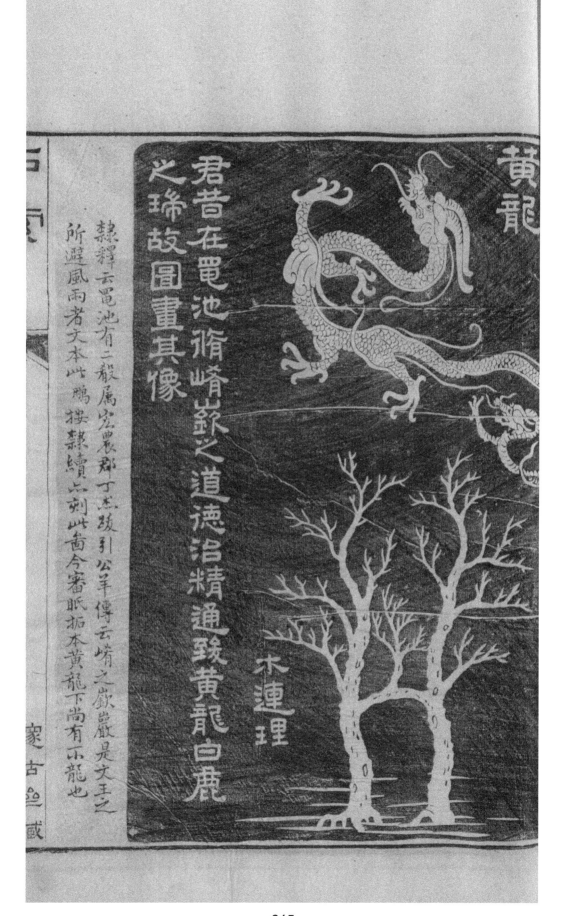

隸釋云黽池有二殽屬宏農郡丁杰跋引公羊傳云崤之嶔巖是文王之所避風雨者文本此鵬按隸續亦刻此畫今審眂拓本黃龍下尚有一小龍也

衡官掾上禄上官正字君選
左□□丞上禄楊嗣字文明
□□□長下辨李京字長都
□□□記

此段在五瑞圖下一層近左下臨深潭艱于氈椎故自来無道及者覃谿先生亦聞而未見惟萃編收此三行而首行衡官掾誤作上官掾不知上官乃複姓非官名也況衡官有秩即在西狹頌内其二行三行俱缺上四字今于次行又識出一左字一丞字三行識出一長字四行得一記字皆可補前人之缺

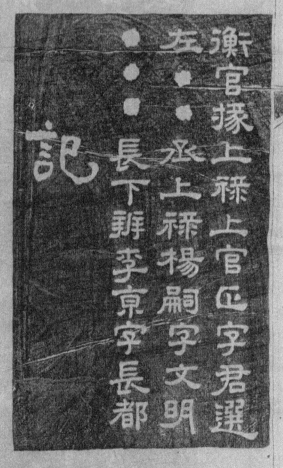

漢武都太守李翕西狹頌

在甘肅階州之成縣即漢時之下辨道摩崖刻石高八尺八寸廣六尺二十行行二十字額題篆文四字年月後題名高二尺七寸五分廣二尺三寸五分十二行

題額

惠安西表

漢武都太守漢陽阿陽李
君諱翕字伯都天姿明敏
敦詩悅禮膺祿美厚繼世
郎吏幼而宿衛弱冠典城
有阿鄭之化是以三剖符
守致黃龍嘉禾木連甘露
之瑞動順經古先之以博
愛陳之以德義示之以好
惡不肅而成不嚴而治朝
中惟靜威儀抑抑督郵部

職不出府門政約令行強
不暴寡知不詐愚屬縣趍
教無對會之事徼外來庭
面縛二千餘人年穀屢登
倉庾惟億百姓有蓄粟麥
五錢郡西狹中道危難阻
峻緣崖俾閣兩山壁立隆
崇造雲下有不測之谿阨
笮促迫財容車騎進不能
濟息不得駐數有顛覆霣

隧之害過者創楚惏慘其
慓君踐其險若涉淵冰嘆
曰詩所謂如集于木如臨
于谷斯其殆哉困其事則
為設備今不圖之為患無
已勅衛官有秩李瑾掾仇
審因常繇道徒鐉燒破析
刻臽確嵬減高就埤平夷
正曲柙致土石堅固廣大
可以夜涉四方无雍行人

懽悀民歌德惠穆如清風
乃刊斯石曰
赫赫明后柔嘉惟則克長
克君牧守三國三國清平
詠歌懿德瑞降豐稔民以
貨稙威恩並隆遠人賓服
鐫山浚瀆路以安直繼禹
之迹亦世賴福
建寧四年六月十三日壬
寅造時府

丞右扶風陳倉呂國字文寶
門下掾下辨李虔字子行故從事
議曹掾下辨李旻字仲齊故從事
主薄下辨李遂字子華故從事
主薄上祿石祥字元祺
五官掾上祿張亢字惠叔故從事
功曹下辨姜納字元嗣故從事
尉曹史武都王尼字孔光
衡官有秩下辨李瑾字瑋甫
從史位下辨仇靖字漢德書文
下辨道長廣漢汁邡任詩字幼起
下辨丞安定朝那皇甫彥字子才

曾子固云李翕字伯都以郡之西狹閣道通梁益緣壁立之山臨不測之溪危難阻峻數有顛覆霣墜之害乃與功曹史李旻定策勑衡官掾仇審治東坂有秩李瑾治西坂鐉燒大石改高即平正曲廣阸既成人得夷塗可以夜涉乃相與作頌刻石其頌有二其所識一也其一立于建寧四年六月十三日壬寅其一是年六月三十日立也又稱翕嘗令黽池治崤嶔之道有黃龍白鹿之瑞其後治武都又有嘉禾甘露木連理之祥皆畫其像刻石在側

隸釋云西狹頌在成州今之階成興鳳皆漢武都郡也碑以蔀差鄦节為穿隧為墜恫為痛稙為殖惪即惡字

天下輿地碑記云翕諱君叛開平道路作磨崖頌在今魚竅峡

兩漢金石記云西狹頌年月一行末有時府二字蓋謂是時府中之官丞某掾某也則丞右扶風以下十二行題名必接頌後無疑而隸續云在天井磨崖後恐洪氏所得其拓本故岐出耳四方无雜即無壅六世即奕世末行子才隸續作子本誤

授堂金石跋云今所得本與曾子固所跋有異子固跋云與功曹史李旻定策云云此但言勑衡官有秩李瑾掾仇審而已則知子固所跋為六月十三日立而余所見正為六月三十日刻石者也

漢李翕析里橋郙閣頌

石高漢尺七尺六寸廣五尺五寸廿行行廿七字額題析里橋郙閣頌在漢中畧陽縣

惟斯析里處漢之右谿源漂
疾橫柱于道涉秋霖瀌盜溢
滔涌濤波滂沛激揚絕道漢
水逆讓稽滯商旅路當二州
經用衸沮沮縣士民或給州
府休謁往還恒失日晷行理
咨嗟郡縣所苦斯谿既然郙

滔字洪闕从陝六譔金石遺文錄補入

理即李

閣尤甚緣崖鑿石處隱定柱
臨深長淵三百餘丈接木相
連號為萬柱過者慄慄載乘
為下常車迎布歲數千兩遭
遇隤納人物俱隋沈没洪淵
酷烈為禍自古迄今莫不創
楚於是
大守漢陽阿陽李君諱翕字

兩即兩
隤納謂墜淵也
隋即墮
禍即禍

伯都以建寧三年二月辛巳
到官思惟惠利有以綏濟聞
此為難其日久矣嘉念高帝
之開石門元功不朽乃俾衛
官掾下辨仇審改解危殆即
便求隱析里大橋於今乃造
挍致攻堅●●工巧雖昔魯
班亦其儗象又醳散關之嶃

三 萃編誤作五

隱即穩

申補結構二字俗

其字洪作莫 醳即釋

瀑從朝陽之平燦減西狹之
高閣就安寧之石道禹鑿江
河以靖四海經記厥續艾康
萬里臣●●功勒石示後乃
作頌曰
●●●●降茲惠君克明俊
德允武允文郭倫尚約化流
若神威很如子●●平均精

瀑即漯 燦即燥 西下闕 二字當 補狹之 即指西 狹頌減 高就捍 言也申 補瀆之 無本 巨下缺 三字字 功字半 存 首句申 補上帝 經三字 申補子 假通惟 平字冬

遍皓穹三納苻銀所歷要動
香風有隣仍致瑞應豐稔●
●●●歡樂行人東欣慕君
靡已乃詠新詩
●●●●亐爪兊之間高山
崔隗亐水流蕩蕩地既墝确
亐與寢為隣●●●●●東
以析分或失緒業亐至亐困

皓即吴

豊稔下缺中補季登居民忻不知豊稔即年登可笑惟歡字尚隱存

首句申補曰析里之微而無分字不合

申補西隴泉峙字東六字惟東字隱存

資危危累卵亍聖朝閔憐毓
爻究●亍務●●●●救
傾亍全育子遺劬勞日稷亍
惟惠勤勤黃邵朱龔亍蓋示
●●●●充贏亍百姓歡欣
僉曰大平亍文翁復存

建寧五年二月十八日癸卯
時衡官掾下辨仇審字孔信

中補兮符析巖子通命是君扶危而無毓爻究等字不合

中補拯溺亨也子瘥痛始勉臣門而無黃部朱龔而与洪氏異謬甚

建寧五年即熹平元年此在未改元時

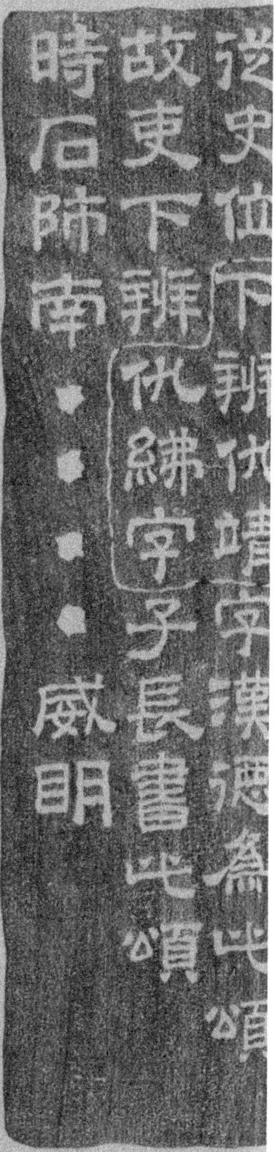

隸釋云析里橋郙閣頌隸額靈帝建寧五年立后西狹頌一歲別有數行刻書撰人及石師姓名

鵬按此碑方整嚴重有似衡方已開魏隸之先集古錄以為仇紼書天下碑錄以為仇紼字子長書今觀隸釋所載別有五行中明云漢德為此頌子長書此頌而石墨鐫華以為相傳蔡邕書蓋未見末五行之故今亦未見此五行拓本姑從洪氏補入至洪氏所缺則又從本碑及天井題名補入以見古刻列書撰姓名之一格李翕以建寧三年到官碑刻明甚金石萃編誤作五年到官則四年何得預有西狹頌蓋到官在三年刻頌在五年耳至后有缺泐則前七行在下方後十行在上角明知縣申如塤補刻一碑醜惡不復成字在覃谿先生已駁斥之矣

漢成陽靈臺碑

在曹州府東北六十里舊雷澤城西皇甫謐云穀林即濟陰成陽水經注云成陽城西二里有堯陵陵南一里有堯母慶都陵是也慶都靈臺在雷澤西南灉河西岸今沒於水慶都帝嚳次妃陳鋒氏女也碑有篆額今失考此從翁閣學所得重刻本錄之系以隸釋

惟帝堯母昔者慶都兆舍
穹精氏姓曰伊體蘭后之
操履規柜之度則乾巛之
象通三光之曜游觀河濱
感赤龍交如生堯厥後堯
來祖統慶都告以河龍堯
歷三河有龍擾圖龜行聖

柜即矩
巛即坤

如讀為而
下崇如同

政以育苗萌火陽之盛先
闇後明遂以集伯遊踐帝
宮慶都僊沒蓋葬于茲欲
人莫知名白靈臺上立黃
屋堯所奉祠下營以水神
龍所熹靈龜隱刑汾踊波
深比目鯱魚濯鱗通泉元
礫蔑蘆生遶臺涯貫長歷
久崇如不積三代改易義
廢不脩五運精還漢受濡

遊即[illegible]下同

刑即形

崇如下洪闓二字江秋史侍御補釋不類与涯字叶

期興威繼絕如堯為之承
祠基年魹魚復生故有靈
臺嗇夫魚師衞仕驛憲魹
魚服之延壽哀平之際道
小衰沮遂遭亡新禮祠絕
吳於是故廷尉仲定深惟
大漢隆盛德彼四表大平
未至靈瑞未下四夷數侵
軍甲數擾匪皇啟居日稷
不夏寀經孝典河洛秋冀

威即滅
基即碁
仕即士
延字洪作
延
哀平二字
洪隸翁補
彼即被
日稷不夏
猶日昃不
暇
寀翁本作
某

漢感赤龍堯之苗胄當精
堯祠追遠復舊復沼黃屋
推原聖意突生變見天以
讉吉前後奏上陳敘大義
招祥塞咎為漢來祚朝廷
克省帝納其謀歲以春秋
奉大牢祠時廷尉送位連
白表奏詔英嘉命遂見聽
□□為大中大夫歸沼黃
璧令月吉日圖立規營興

沼即治

洪作連自
翁本連白
義長
洪作詔英
翁本詔英
英即某也
義長

業會工廠處吏平上合天
意下應□刑□□兹餝五
色華精立闕通天戶嚮步
陽前設大壓侯神之堂地
發石墠其下清涼可舞八
詠以奏大章時濟陰大守
魏郡審晃成陽令惇陵營
遵各遺大掾輔助仲君經
之營之不曰成之神靈精
衆依怙扵人廢之則亡存

洪氏下應以下缺五字翁本有刑字及兹字翁以刑即形字颺按即型字蓋下應典型也

八洪作几下缺翁本作八詠

營即營

翁本伸君仍從隸釋作仲君

之則神復帥羣宗資富相
均共慕市碑着立功訓□
勒石銘中門之表卜擇元
曰齊華精誠先蘪毛血謹
慎儀牲祈祠獲福神享其
靈合雨時降百穀孰成幽
荒率服徐方來庭萬國蒙
柀犂元賴榮莫不被德咸
歌頌聲其辭曰
於赫慶都德彌大兮承神

蘪即薦

犂即黎
柀即被

彌即彌

精爃絖赤龕[illegible]羕羊與堯
名蓋世兮英愛荷命遂帝
制兮廣被之恩深荒外兮
歷紀血千垂遺愛兮陵廟
復崇享大祭兮上來多怙
降福沛兮萬國禧寧凱不
賴兮光宣美勛永(未)蔡兮
垂視罔極億萬歲兮
濟陰大守魏郡陰安審君
諱冕字元讓從公車令來

洪氏作受
被即被
血即盃
未字洪鈇公翁本補
蔡即彰

成陽令博陵蠡吾營君諱
遵字君臺從東明阿司馬
來丞潁川新汲尹茂字伯
舉遷下邳尉尉潁川襄城
楊調字君舉仲訴伯海從
右中郎將遷鉅鹿大守仲
球伯儀從大尉掾遷呂長
仲選孟高辟司徒府遷從
不絕皆興治大聖黄屋之
方

建寧五年五月造

隷釋云漢章帝紀元和二年使〻者祠唐堯於成陽靈臺注引郭緣生述征記成陽堯陵南一里有堯母慶都陵稱曰靈臺與此碑合淮南子墬形訓載海外卅六國有無繼民䲢魚在其南注云䲢魚如鯉魚有神靈者乘行九野䲢讀如蚌所謂鯱魚疑即此耳

金石記云此拓本與洪氏所録不同雖是重刻自有的據其筆法渾勁必非僞作也摹存于篋以資考核

漢司㪘校尉楊淮表紀

在襃城縣襃谷摩崖

故司㪘校尉楊君厥諱淮
字伯邳舉孝廉尚書侍郎
上蔡雒陽令將軍長史任
城金城河東山陽大守御
史中丞三為尚書尚書令
司㪘校尉將作大匠河南

㪘即隸之渻文

尹伯邪從弟諱彊字穎伯
舉孝廉西鄂長伯母喪去
官復舉孝廉尚書侍郎
遷左丞冀州刺史大醫令
下邳相兄弟功德牟盛當
究三事不幸早隕國喪名
臣州里失覆二君清頌約身

彊即強

大醫即太醫

兄弟功德侔盛總結二君令本俱釋元弟非也

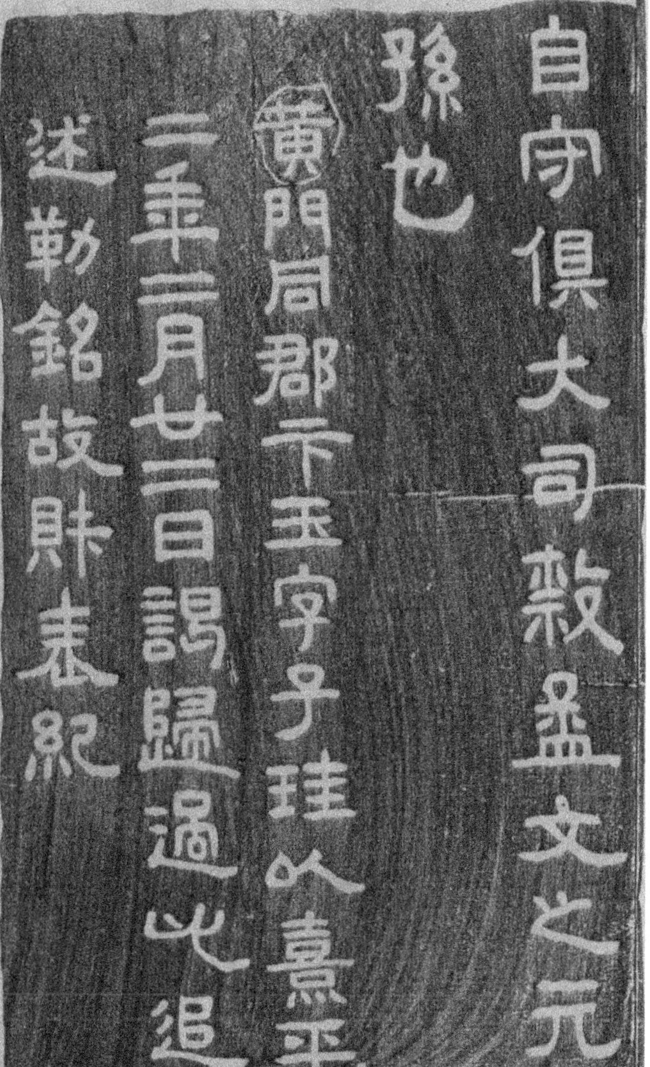
自守俱大司敎盖文之元
孫也
黄門同郡下玉字子珪以熹平
二年二月廿三日謁歸過此追
述勤銘故財表紀

元孫如元士之元

財即纔見西狹頌

石高八尺三寸廣二尺二寸七行行二十五六字不等末行少低字大二三寸不等涵真閣漢碑跋云字體與石門頌彷彿而疎溫過之近得精拓本自守上得約身二字門字上得黄字鷗按約上微露右角似潔字補之門上一字當爲石字存參

漢司隸校尉魯峻碑

碑額

碑高漢尺一丈一尺八五寸廣四尺五寸十七行行三十二字分　在濟寧州學

額尖頂無文飾題隸書十二字字極飄逸與碑中字渾厚者不同其稱忠惠父者私謚也

君諱峻字仲嚴山陽昌邑
人其先周文公之碩冑魯
公伯禽之懿緒㠯載于祖
考之銘也君則監營謁者
之孫脩武令之子體純龢
之德秉仁義之操治魯詩
兼通顏氏春秋博覽羣書
無物不栞學爲儒宗行爲
士表漢安始仕佐職牧守
敬恪恭儉州里歸稱舉孝

嚴字萃編誤巗此缺二字隸釋亦無鵬按此必魯公二字蓋魯峻受姓之始

德秉二字隸釋補入

栞即刊偄即儒愘即恪

鵬按漢下闕文必安字漢安至延熹方廿年耳

廉除郎中謁者河内大守
丞喪父如禮辟司徒府舉
高苐侍御史東郡頓丘令
視事四年比縱豹産化行
如流遷九江太守[illegible]殘酷
之刑行循吏之道統政[illegible]
載穌若清風有黃霸召信
臣左穎南之歌召公事去
官休神家術未能一朞為
司空王畼所舉徵拜議郎

縱即蹤

覇即霸

王即王

太尉長史御史中丞延熹
七年二月丁卯拜司隸校
尉董督京輦掌察羣寮蠲
細舉大權然疏發不為小
威己濟其仁弸中獨斷己
效其節案奏[illegible]公彈紏五
卿華夏祗肅佞穢者遠遭
母憂自乞拜議郎服竟還
拜屯騎校尉己病遜位守
疏廣止足之計樂於陵灌

鵬按公上闕文或是三字

華即華

園之婁閑門靜居琹書自
娛年六十一薨平元年
月癸酉卒明年四月庚子
葬於是門生汝南干商沛
國丁直魏郡馬萌勃海呂
圖任城吳盛陳留誠屯東
郡夏集宏等三百廿人追
惟在昔游夏之徒作謚宣
尼君事帝則忠臨民則惠
乃貽告神明謚君曰忠惠

婁郎潔

家古盦藏

文息歔不才弱冠而孤承
堂弗構斫薪弗何悲蓼義
之不報痛昊天之靡嘉順
企有紀能不號蓍刊石叙
哀其銘曰
巖巖山嵒礧落彰較棠棠
忠惠令德孔嫖命□□時生
雍度宏綽允文允武康姿
烈遑内懷溫潤外撤彊虔
督司京師穆然清邈當□

斫即析
何即荷
義即莪
蓍即嗟
棠即堂
嫖即嬠
虔即虐

緄職為國之權匡究南山
遐邇物惻凡百君子欽謚
嘉樂永傳善齡煥矣的的

緄疑即褒
惻疑即悼
善即億
的即灼

碑陰

碑陰二列共四十二人洪氏共收其收斷碑陰九十一人者蓋別一碑与此不合

故吏河內夏管懿彥遠千
故吏九江壽春臧龔伯麟五百
故吏九江壽春任琪孝長五百
故吏東郡頓丘許瑜伯過五百
門生沛國譙丁宣景榮千
門生勃海高成呂圖世階千
門生東郡濮陽段敦登高千

管即營

瑜萃編作踰誤

門生汝南召陵干商朝公五百
門生南陽新野魏顯文臺五百
門生平原般路龍穎公五百
門生平原西平昌壬端子行五百
門生陳留尉氏胡嵩永高五百
門生陳留尉氏胡昱仲表五百
門生濟陰定陶律真子然五百
門生任城樊兒雄大平五百
門生平原樂陵路福世輔三百
門生魏郡斥丘李牧君伯三百
門生魏郡繁陽壬輔子盟三百
門生任城任城周普妙高三百
門生任城任城吳盛子興三百

壬即王字下同

萃編云律即隸英暗傳游律子著書一扁漢書作游隸

門生勃海重合梁愔[illegible]節三百
門生河東蒲反李●●時三百
門生河東蒲反陽成●文智三百
門生汝南汝陽鄭立●節三百
門生東郡臨邑夏矦宏子松二百
門生東郡博平孫讓●●二百
門生東郡樂平邢顯●●二百
門生東郡樂平邢●季●二百
門生魏郡內黃馬萌子●二百
門生魏郡黎陽王●少●二百
門生汝南濦強尹稜超●二百
門生汝南濦強尹顯淵●二百
門生勃海南皮劉扶節●二百

重合本侯國名金石圖誤作重

此上列廿一行蒲坂以下係下一列廿一行

尹稜萃編誤作尹徒

門生勃海南皮劉盛興□二百
門生河間阜成東鄉晨子□二百
門生河間阜成東鄉恭公□二百
門主平原西平昌劉本景高二百
門生平原股張讓伯讓二百
門生陳留尉氏夏統子思二百
門主濟陰乘氏許仁伯德二百
門生濟陰離狐周維元興二百
義士梁國寧陵史強強良二百

本即丕字萃編誤作本字
股即般字

金石録云水經注引戴延之西征記曰焦氏山北金鄉山有漢司隸校尉魯恭冢冢前有石祠四壁皆青石隱起自書契以來忠臣孝子貞婦孔子及七十二弟子形像像邊皆刻石記之今墓与石室尚存此碑為人輦至任城矣峻字水經誤作恭

金薤琳瑯云鄭夾漈謂此碑書于蔡邕未知何據又云魯峻碑陰歐陽公趙明誠皆失收至洪丞相隸釋於漢碑捜羅殆盡亦復遺焉

漢西嶽華山碑

碑高七尺七寸廣三尺六寸二十二行行三十八字其上有篆額六字在華陰縣西嶽廟嘉靖卅四年地震碑毀

周禮職方氏河南山鎮曰華謂之西嶽春秋傳曰山嶽則配天乾以定位山澤通氣雲行雨施既成萬物易之義也祀典曰日月星辰所昭仰也地理山川所生殖也功加於民祀以報之禮記曰天子祭天地及山川歲徧焉自三五迭興其奉山川或在天子或在

諸侯是以唐虞疇咨四嶽
五歲壹巡狩皆以四時之
中月各省其方親至其山
柴祭燔燎夏商則未聞所
損益周鑒於二代十有二
歲王巡狩殷國亦有事于
方嶽祀以圭璧樂奏六歌
高祖初興改秦淫祀
大宗承循各詔有司其山
川在諸侯者以時祠之

孝武皇帝脩封禪之禮思
登假之道巡省五嶽禮祀
豐備故立宮其下宮曰集
靈宮壂曰存僊壂門曰望
僊門　仲宗之世重使
使者持節祀焉歲一禱而
三祠後不承前至于亡新
寖用丘虛訖今垣趾營兆
猶存建武之元事舉其中
禮從其省但使二千石以

登假指求仙言

仲即中宗

歲時往祠其有風旱禱請
祈求靡不報應自是以來
百有餘年有事西巡輒過
亭祭然其所立碑石刻紀
時事文字摩滅莫能存識
延熹四年七月甲子弘農
大守安國亭侯汝南袁逢
掌華嶽之主位應古制脩
廢起頓閔其若茲深達和
民事神之義精通誠至礿

祭之福乃案經傳所載原本所由銘勒斯石垂之于後其辭曰巖巖西嶽峻極穹蒼奄有河朔遂荒華陽觸石興雲雨我農桑資糧品物亦相瑤光崇冠二州古曰雍梁馮于豳岐文武克昌天子展義巡狩省方玉帛之贄禮與岱亢亦樂之變舞以

亢即亢

致康在漢中葉建設宇堂
山嶽之守是秩是望侯惟
安國兼命斯章尊脩靈基
肅共壇場明德惟馨神歆
其芳遂禳凶札揫斂吉祥
歲其有年民說無疆
袁府君肅恭明神易碑飾
闕會遷京兆尹孫府君到
欽若嘉業遵而成之延熹
八年四月廿九日甲子就

袁府君諱逢字周陽汝南
女陽人孫府君諱璆字山
陵安平信都人時令朱頡
字宣得甘陵鄃人丞張昇
字少游河南京人左尉唐
佑字君惠河南密人主者
掾華陰王萇字德長京兆
尹勑監都水掾霸陵杜遷
市石遣書佐新豐郭香察
書刻者潁川邯鄲公脩蘇

京兆
尹即
袁逢

張壬郭君碑

隸釋云西嶽華山廟碑篆額在華州華陰縣威宗延熹四
年袁逢守宏農郡以華嶽舊碑文字摩滅遂案經傳載
原本勒斯石以垂後會遷京兆尹乃勅都水掾杜遷市石遣
書佐郭香察書碑成於後之四年蓋孫璆典郡時也逢者司
徒安之曾孫太尉湯之次子嘗爲司空而卒史不載其歷宏
農京兆乃闕文也郭香察書者察涖它人之書小歐陽以爲
郭香察所書非也

鮚埼亭集云碑左右有唐大和中李衛公諸人題其下有
宋元豐中王子文題幾無隙地

朱筠笥河文鈔云此碑都南濠援徐季海古迹記以爲蔡中
郎書趙子函云郭香乃莅中郎書耶今雖不能遽定爲中郎
然金石文字記及曝書亭題跋皆謂後漢書律歷志郭香
即此人考郭香之名見于馮光奏中事下三府集議其時坐待

中西北与馮光陳晃相難問者即蔡邕爾在熹平四年三月九日也邕可以理香之說則香何不可察邕之書耶中郎集中楊秉碑正在延熹八年而秉又華陰人也若碑中字體奇正互出古今迭用所謂脩短相副異體同勢奇姿譎詭靡有常制者乎

石墨鐫華云此碑嘉靖中猶在一縣令脩岳廟石門視殿上碑題皆當時顯者恐獲責罰此碑年久遂碎為砌石

金石文字記云嘉靖三十四年地震碑毀華州郭允伯有此拓本文字完好今藏華陰王無異家

鵬按是碑隸法渾古生動寔為漢刻第一種其圓勁處与石經相似應非蔡中郎不能徐季海之說無可疑者尤物易毀大可惜也至砌石地震二說不同或曰地震碑碎裁作砌石耳

漢衛尉卿衡方碑

碑高七尺廣四尺四寸二十三行行三十六字額十字在汶上縣

漢故衛尉卿
衡府君之碑

碑額用陽文隸書與武榮碑相似

府君諱方字興祖肇先蓋
堯之苗本姓伊氏則有伊
尹在殷之世號稱阿衡因
而氏焉●●●土家于平
陸君之烈祖少以濡術安
貧樂道履該顏原兼脩季
由聞斯行諸砥仁癘●●
●仕士階夷愍之貢經常
伯之實位在馮翊先帝所
尊垂名竹帛考廬江大守

二字缺微存其迹補之

兄瘫門大守書追來孝長
發其祥誕降于君天資綷
懿昭前之美少吕文塞戲
庬允元長吕歙明耽詩悅
書●●●秋仕郡辟州舉
孝庶除郎中即丕侯相縢
東令遵尹鐸之導保鄭二
城朵國起按斑敘●●塼
本犨末化速郡圕州舉大
異遷會稽東部都尉將繼

三字補

塼本肇
來見箸
語今補
塼字

南仲邵虎之勳飛翼軨之
扵操暴●●●綏来王之
䜌會喪太夫人感背人之
凱風悼蓼儀之劬勞寫闓
苦由仍自上言倍榮向哀
扎服祥除徵拜議郎右北
平大守尋李廣之左邊悽
魏絳之和戎戎戢士佚費
省巨億懷●●●●靜有
績遷潁川大守濟清滌佰

背即鄁
与邶同

邵即召

抱拔隱逸光大苐茹國外
浮議淡累緫動氣泄狂●
●●●●歸來洙泗用行
含感徵拜議郎還大醫令
京兆尹奮都餘化詩人所
詠竝有亡新君●●●●
隆寬慄鸙火光物隕霜勳
姦振滯起舊存亡繼絕恩
降乾太威肅剝川本朝録
功人登衛尉輔翼燕宮夙

衣惟寅律隋左公有單襄
穆英謨之風詔選賢良招
先逸民君務在寡失順其
文舉已從政者退就勑巾
永康之末君衛孝桓建寧
初政朝用舊臣留拜步兵
校尉處六師之帥維時假
階將授緄職愛任浹旬庵
離寢疾年六十有三建寧
元年二月五日癸丑卒詔

寡字隸釋缺或作寡英誤

遣使●●弔賻禮百寮臨
會葬不失其聲年九月十
七日辛酉葬蓋雖頌興而
清廟肅中庸起而祖宗●
故仲尼既歿諸子綴論斯
干伯歌用昭于宣謚己旌
德銘己勤勳於是海內門
生故吏相與采嘉石樹
靈碑鐫茂伐秋將來其辭
曰

謚即諡

峨峨我君懿烈孔純高朗
神武歷世忠孝馮隆鴻軌
不忝前人寬猛不主德義
是經韜綜頤□溫故前星
攬英接秀踵迹晏平初據
百里顯顯令聞濟康下民
曜武南會邊民是鎮惟□
□□憂及追身暴議帝室
剖符守藩北靖□□有問
有聲旋守中獄幽滯呂榮

邁種奮京行□□□舍澤
戴仁□□彼寧剋長剋君
不稟不陽維明維允耀此
聲香能悊能惠剋亮天功
入統□□剋剋光光法言
稽古道而後行競競業業
素絲羔羊闇闇侃侃顒顒
昂昂何規履渠金玉其相
蹇蹇王臣羣公憲章樂旨
君子□□无疆銘勒金石

隸釋云碑建寧元年立趙氏誤以為三年銘文甚溫潤如云鵜火光物隕霜剿姦尋李廣之在邉恆魏絳之和戎唐人誌墓多用此體履誒顏原謂顏子原憲也禕隋即委蛇出韓詩內傳碑以濡為儒倍為背洖為瘦緄為袞庵為奄太即太守盧鴈皆从疒

金石畲云碑在汝上縣西南十五里平原郭家樓前南向雍正八年汝水泛決碑陷卧莊人郭承錫等復建

鵬按碑字渾古絕似魯峻碑而借用字甚多如以蒖儀為蒸義則金石錄言之又以夷愍為夷閔背人為鄉人不虞不陽為不吳不揚則授經堂集言之以聲香為馨香樂音為樂只則金石後錄言之皆隸釋所未及論今又于壽字上審補聿追來三字失字上審補寡字末小行審補康作字亦與禮器碑六人所作合也

漢玄儒先生婁壽碑

在光化軍今失此從桂未谷所刻雙鉤宋拓本

先生諱壽字元寿南陽隆
人也曾祖父攸春秋以大
夫侍講呈五官中郎將祖
父大常博土徵朱尉司馬
親父安貧守賤不可嘗以
稱先生童孫多奇岐嶷有
志捥疑傳業好學不耿不
依廉隱不飭小行温然而
恭概然而義善與人交久
而能敬榮皂溺之穗耕甘

首四十八字从隸釋仝文補入
攸即修
尉即蔚

山林之杳譪道世無慮浩
佚淨漠澤徯衜門下學上
達有勿自遠宴紳華華朝
夕講習樂以忘憂郡縣禮
請終不回顧高仕庠祿固
不動心麄絺大布之衣稿
稽蔬菜之食蓬戶茅宇棬
樞甕牖樂天知命榷乎其
不可扶也是以守道識真
之士高尚其事鄉鄙州鄰

麄即麤
稿即縞
榷即確
鄙即黨

家古□藏

貞親歲懷丰七十有八薨
平三丰正月甲子不禄國
人乃相與論惪慮謚剏石
佔銘其詞曰
皇矣先主褢惪惟明優於
春秋玄嚜有成知賤爲貴
與世無爭擇術衡門禮義
滋醇窮下不苟知我者天
身歿聲邑千載佔珎縣之
日月與金石存

貞字處
渤鳴題
篇字殘
隸
嵩卽愛

褢卽懷
嚜卽默

貞明四年十二月廿四日偶因
行過

貞明後梁末帝朱友貞年號

隸釋云碑首所篆婁字頗異圖經謂之翟先生碑歐陽公問之王洙原甫以李陽冰篆文證之始知元儒先生為婁姓西漢紀注宮之外門為司馬門蓋今之皇城門也東漢志宮掖门凡七每門一司馬考之於碑元賓為蒼龍司馬沈君為北屯司馬劉曜為朱爵司馬靈臺碑管遵為東明司馬婁君之祖為朱爵司馬而書作朱𠮦者猶帝堯碑以繼作繼校官碑以剡作炎省文也又有兩備字皆作攸類此

豐道生跋云此刻与禮器張遷等碑筆法相佀二碑尚存而是刻傳之甚少中父所藏乃宋搨耳冊首闕文則都太僕金薤琳琅可考也

翁覃谿先生跋云豐道生為華東沙作真賞齋賦云夏承婁壽漢碑天球河圖比重此賦作于嘉靖廿六年正与道生此

石索

邃古堂藏

跋相合是碑在真賞齋已闕其前四十八字矣後又歸何義門
有竹垞義門二跋州鄰下一字洪釋所闕据此作責上半宗公
明義门疑睦之省當存攷也

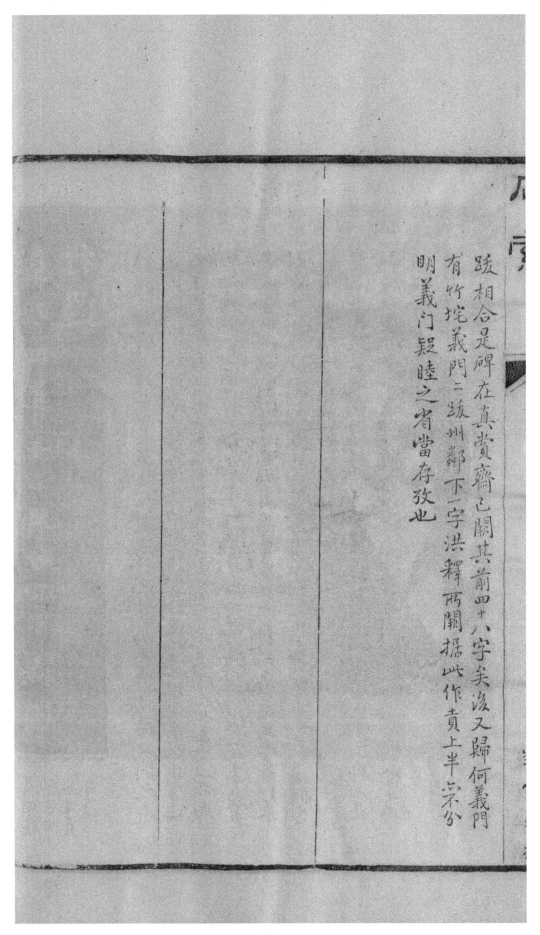

漢白石神君碑

碑額

碑高今尺五尺四寸五分廣二尺三寸十六行行三十五字字徑八分額五字篆書陽文徑一寸八分在眞定府元氏縣城内龍化寺

蓋聞經國序民莫急於禮禮有五經莫重於祭祭有二義或祈或報報以章德祈以弭害古先哲王類帝禋宗望于山川徧于羣神建立北域脩設壇屏所以昭孝息民輯寧上下也白石神君居九山之數參三條之壹兼將軍之號秉斧鉞之威體連封龍氣通北

嶽幽讚天地長育萬物觸
石而出膚寸而合不終朝
日而澍雨沾洽前後國縣
屢有祈請指日刻期應時
有驗猶自抱損不求禮秩
縣界有六名山三公封龍
靈山先得法食去光和四
年三公守民蓋高等始為
無極山詣大常求法食相
縣以白石神君道德灼然

乃具載本末上尚書求依
無極為比即見聽許於是
遂開拓舊兆改立殿堂營
宇既定禮秩有常縣出經
用備其犧牲奉其珪璧絜
其粢盛旨酒欣欣燔炙芬
芬敬恭明祀降福孔殷故
天無伏陰地無鱻陽水無
沈氣火無災燀時無逆數
物無害生用能光遠宣朗

顯融昭明年穀歲孰百姓
豐盈粟升五錢國界安寧
尒乃陟景山登崢嶸采玄
石勒功名其辭曰
巖巖白石峻極太清皓皓
素質因體為名惟山降神
髦士挺生濟濟俊乂朝野
充盈災害不起五穀熟成
乃依無極聖朝見聽遂興
靈宮于山之陽營宇之制

是廣是量卜云其吉終然
允臧匪奢匪儉率由舊章
華殿清閑肅雍顯相玄圖
靈像穆穆皇皇四時禋祀
不愆不忘擇其令辰進其
馨香犧牲玉帛黍稷稻粮
神降嘉祉萬壽無畺子子
孫孫永永番昌
光和六年常山相南陽馮
巡字季祖元氏令京兆新

豐王翊字元輔長史潁川
申屠䲺丞河南李邵左尉
上郡白土樊瑋祠祀掾吳
宜史解徹石師王明
燕元璽三年正月十日主
薄程疵家門傳自將
軍教猝祠令曰為火
所燒

燕元璽一行在碑末附邊乃後人所增元璽為前燕慕容儁年號敎下一字泐今皆釋為吾字細玩似神字

碑在真定靈帝光和六年立碑云居九山之數參三條之壹趙氏莫曉三條為何語隸釋引尚書正義從導岍至敷淺原舊説以為三條地理志云禹貢北條之荆山在馮翊懷德縣南條之荆山在南郡臨沮縣故馬融王肅皆以導岍為北條西傾為中條嶓冢為南條殽阬碑云中條之山蔭華嶽之體南通商雒以屬熊耳其文與正義合也惟九山之數洪氏亦未詳明金石後録以為水經有九山廟碑云九顯靈府君本華山之元子陽九列名號曰九山府君也授堂金石跋引淮南墬形訓云何謂九山會稽泰山王屋首山太華岐山太行羊腸孟門今白石山亦太行之支麓所云居九山之壹者當謂此也

漢魯王墓石人二 縮本

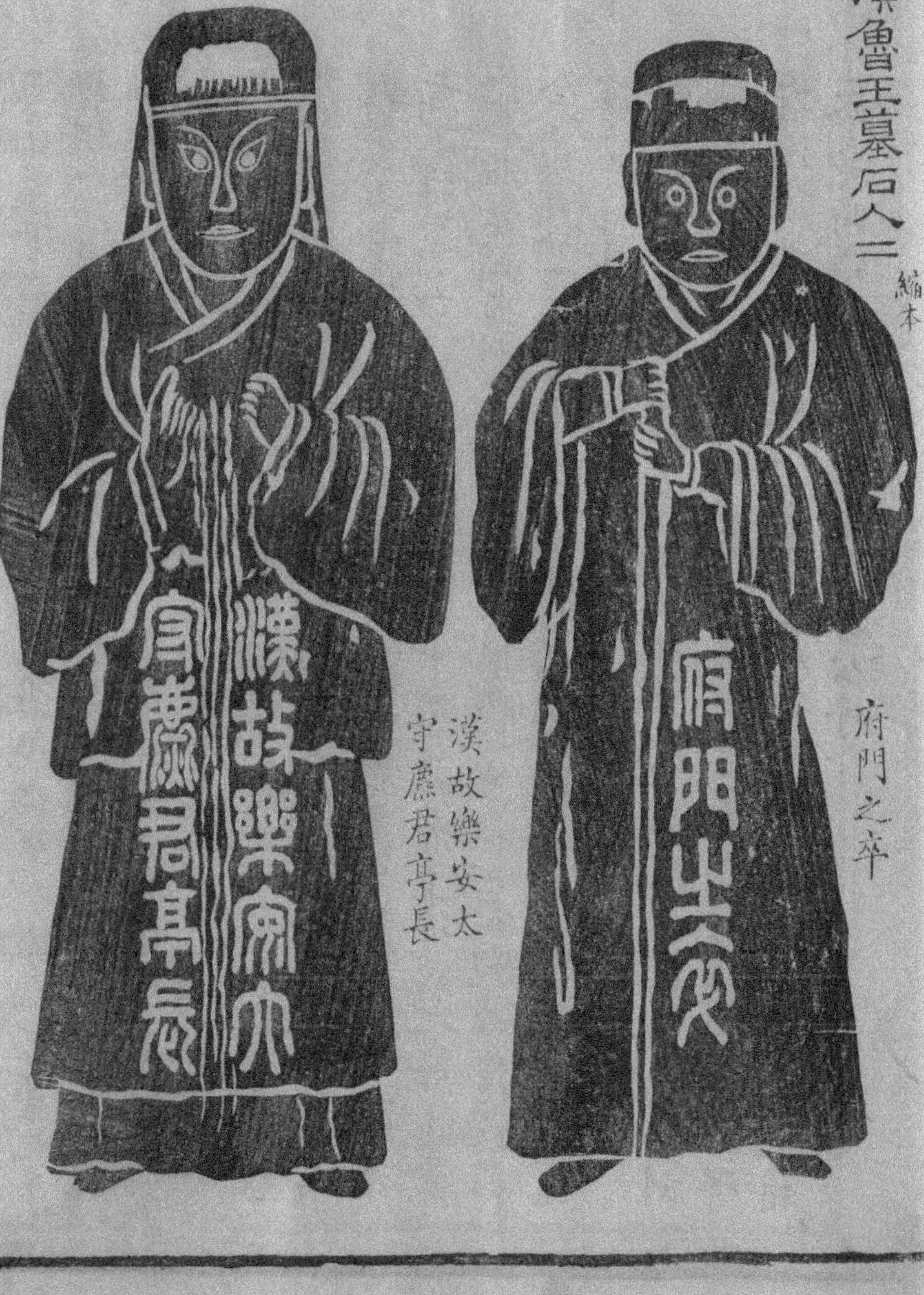

漢故樂安太守麃君亭長

府門之卒

邃古齋藏

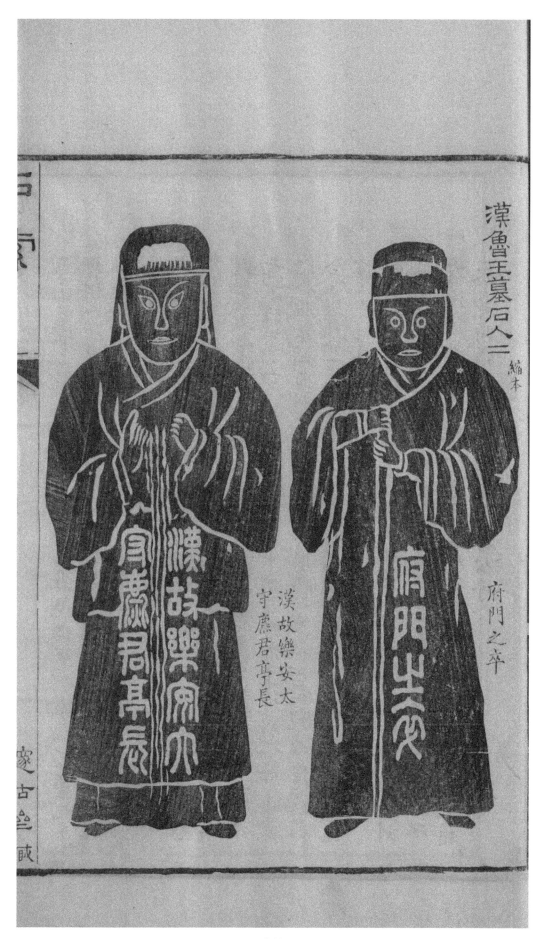

魯王墓前石人二在曲阜縣張曲莊乾隆甲寅春阮芸臺先生
按試曲阜時命顏教授崇榘馮縣尉䇲以牛車接軸移置矍相
圃西向一人冕而拱立高漢尺一丈一寸許胸題漢故樂安太守麃君亭
長十字一人手按一物似劍高漢尺九尺三寸許胸題府門之卒四字
大五六寸許胸前石多剝落似淚痕然金石萃題銘云鑄石為人刻
篆其腹永陪漢寢風珮肅肅靈文不磨輿畫軒縮終古西向銅人
對哭是也惟卒字及長字未經釋出其府字誤作爾蓋縮刻
者不諳篆文之故其云腰以下陷土中不可見者蓋彼時就魯王墓見
之今在矍相圃則併其足俱見矣圖在縣儒學內予觀其石像拓其
全人縮刻如右李省吾廣文云初時尚完好因前任某廣文眷屬畏其
獰惡日持錘擊之故更剝落余則以為古友伴也相與撫掌
兩漢金石記云樂安本千乘和帝永元七年更名樂安此為東漢石刻
無疑潛研堂金石文跋云漢制諸郡置太守王國稱相韓勅碑
有涿郡太守麃次公樂安相麃季公皆魯人也季公故樂安相
永壽時猶存此刻麃君豈季公乎

漢不其令董君闕

隸續據碑録不其令董君有雙石闕此其一也其一云董恢琅玡人也文數百言董字碑録及范史俱誤作童

邃古齋藏

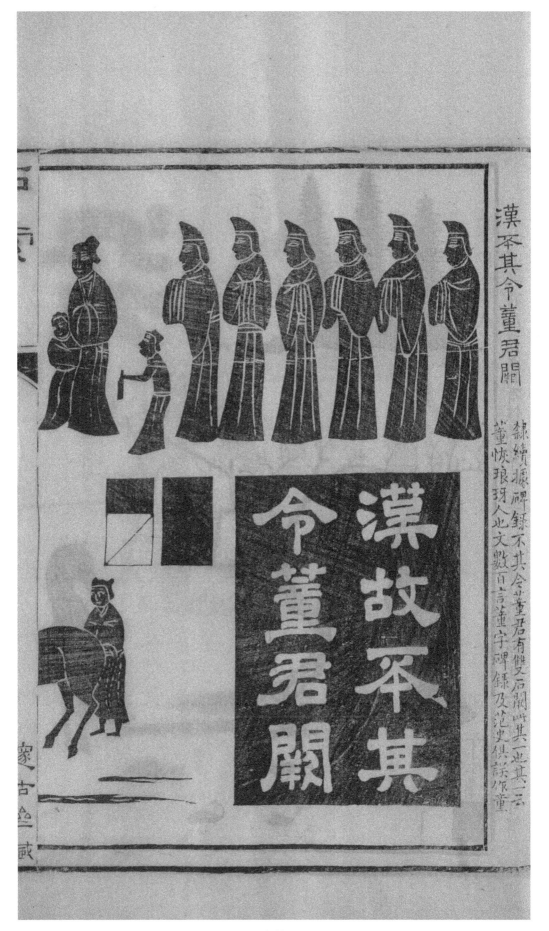

此畫子孫展墓之狀有僕馬休于松楸下情景淒然所題八字其左復有四五小字不可辨

漢金恭闕

隸續云金恭闕上刻一禽三足次横刻金君姓名次刻一人執扇乘馬似是金君也旁有龍希啣環其下斷裂隸釋云子下一字缺以墓碣參知是字肅鵬按下似尚有缺文或闕字或墓字不亾至馬上人乃執符非扇也

道光元年四月朔日鏤
板于嵫陽署齋於時日月合
璧五星聯珠記之

黃絹幼婦
外孫齏臼

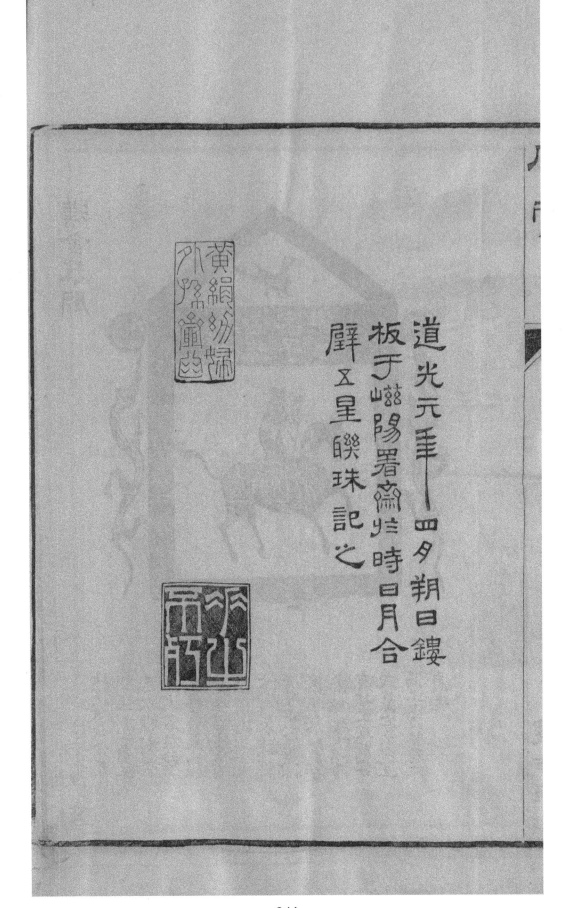

石索三

紫琅馮雲鵷晏海氏　雲鵬集軒氏　同輯

碑碣三

漢武梁祠石闕題字

在嘉祥縣南二十八里紫雲山下

武氏雙闕高可二丈五尺許方徑二尺許三面層疊皆有畫像人物此武氏祠三字大四寸許即鑿在畫像上東西二闕之第二層皆有之此後人所題与碑字不類

東闕南面第四層畫像 其它尋常人物不錄

此畫天吳之象山海經云盖余之國有神人八首人面虎身曰天吳是為水伯圖贊云天吳八首更嘻迭怒是也金石志以為各垂一線系於獸頸者非

此疑是三身人山海經云大荒之中不庭之山有人三身帝俊妻娥皇生此三身之國

此後有二人未錄

漢武氏祠石闕

在山東嘉祥縣南二十八里紫雲山武梁祠前

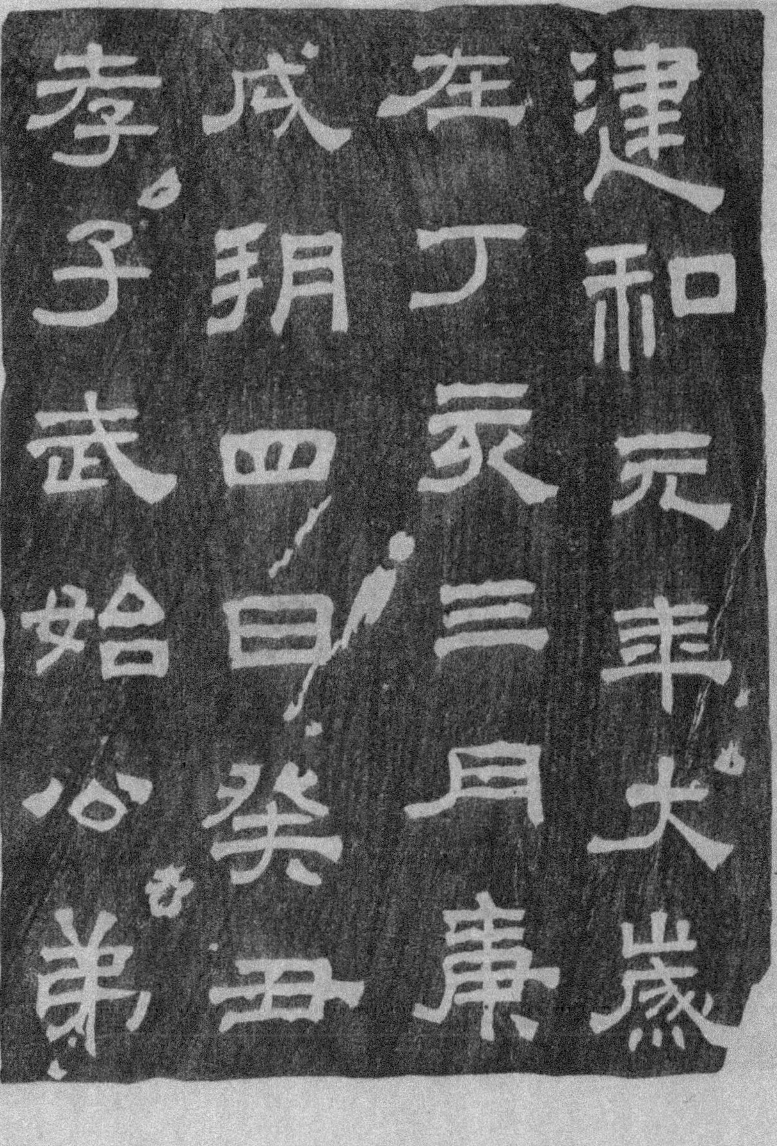
建和元年大歲
在丁亥三月庚
戌朔四日癸丑
孝子武始公弟

綏宗景興開明
使石工孟子李
弟卯遺宅關宣
錢十五萬孫宗
伯陟子宣四萬

開明子宣張仕
濟陰年廿五曹
府君察舉孝廉
除敦煌長史被
病芺没當雩不

建和元年大歲在丁亥三月庚戌朔四日癸丑孝子武始公弟綏宗景興
開明使石工孟孚李弟卯造此闕直錢十五萬孫宗作師子直四萬
開明子宣張仕濟陰年廿五曾府君察舉孝廉除敦煌長史被
病夭殁苗秀不遂嗚呼哀裁士女㥁傷

師即獅裁即哉妥
即士女㥁即痛

石闕二在武氏祠前俗呼為石蠟臺闕高一丈二尺半瘞于土此銘在西
闕之第八層予掘土出字拓之銘八行〻十二字末行九字趙氏金石錄云武氏有
數墓在任城開明者仕為吳郡府丞綏宗名梁為郡從事宣張名樹皆
自有碑此一條實武氏諸碑之總目矣

漢武梁石室畫像一

伏羲氏冠上方下圓前仰衣有緣邉手執矩又一人冠五梁衣相佀皆有尾而相交中有小兒手曳其袖而雙尾題云伏戲倉精初造王業畫卦結繩以理海内竊按王文考魯靈光殿賦伏羲鱗身女媧蛇軀注引玄中記云伏羲龍身是也彼畫于殿此刻于石漢制一也

邃古[illegible]藏

兩漢金石記引通鑑前編云祝誦氏時天下治和聽弇州鳴鳥以爲樂歌以火施化亦號赤帝今畫兩手作搏擊狀蓋取征伐共工氏事也

金石志云冠有兩翅衣不掩膝題云祝誦氏無所造爲未有者欲刑罰未施誦即融字者即嗜字

一之三

冠形前後岐與前爲同兩手執耒耜象起土狀題榜云神農氏因宜教田辟土種穀以振萬民金石記引說文云耒手耕曲木也又云𣏕兩刃臿也从木𦬸象形互瓜切

象畫冕服衣裳兩手上下若指畫狀左題云黄帝多所改作造兵井田垂衣裳立宫宅

鵬按兵字中多一畫垂字本全泐故諸家俱闕而不釋惟金石記釋作制字細玩字無刀旁微存其邊似下文御車夫椓椓字右半故定爲垂

一之五

畫象冕衣裳與帝題云帝顓頊高陽者黃帝之孫而昌意之子昌下意之二字闕从史補之

邃古齋藏

畫象冕衣裳黻與黄帝同兩手拊膺題云帝俈高辛者黄帝之曾孫也

帝堯放勲其仁如天其知如神就之如日望之如雲

象畫冕衣裳帝題云帝堯放勲其仁如天其知如神就之如日望之如雲四句見史記

像亦同上題云帝舜名重華耕於歷山外養三年

朱竹垞云禹冠即禮所謂毋追是也

禹冠銳上衣如常服手執鍬臿蓋隨栞之具題云夏禹長扵地理脈泉知陰隨時設防退為肉刑

象畫夏桀手中執戈下有二女子相背伏地桀乘坐其上蓋人輦之始史稱桀不務德而武傷百姓即此可見禹以手執畚而躬親隨利而得天下桀以執戈乘女子而失天下不煩言而喻矣

以上十格畫古帝王十人上有山形連絡之此第一幅之第二層也其上青堺線二條各青二棗核形貫於其間又其上爲第一層高銳而旁殺蓋屋壁之尖頂兩兩駢神人趺坐其中又人首龍身人首鳥翼鳥尾者与佀人非人者環繞其旁其下攔以雲氣殆不可曉者魯靈光殿賦云圖畫天地品類羣生雜物奇怪山神海靈千變万化曲得其情疑此之謂又云上紀開闢遂古之初五龍比翼人皇九頭可見漢人畫殿壁大率類此或以爲佛像者非是佛安能在伏羲上哉其餘碑失亦復相佀今舉第一石見其概以其屬上古故在第一層皆無標題未能摹錄祇從第二層爲始伏羲至夏禹九人皆題其末爲夏桀佀乎不倫蓋有法鑑有戒垂訓之義也靈光殿賦云惡以誡世善以示後堪爲明证焉

讒言三至慈母投杼

此畫訛傳曾子殺人事蓋有南曾參北曾參之别譌誤信讒言耳畫中曾母坐機架上踏機轉簧回首向後作訓示狀足下横讒言三至慈母投杼八字機後有物墜地𤤀即杼也後畫曾子跪而拱手作受訓狀其上題贊云曾子質孝以通神明貫感神祇著号来方後世凱式吕匹橅綱其著字从竹號諸作号著龥者著曾子之孝名也舊釋炅字蓋爲剥落痕所亂耳吕匹二字邊尚存故補之

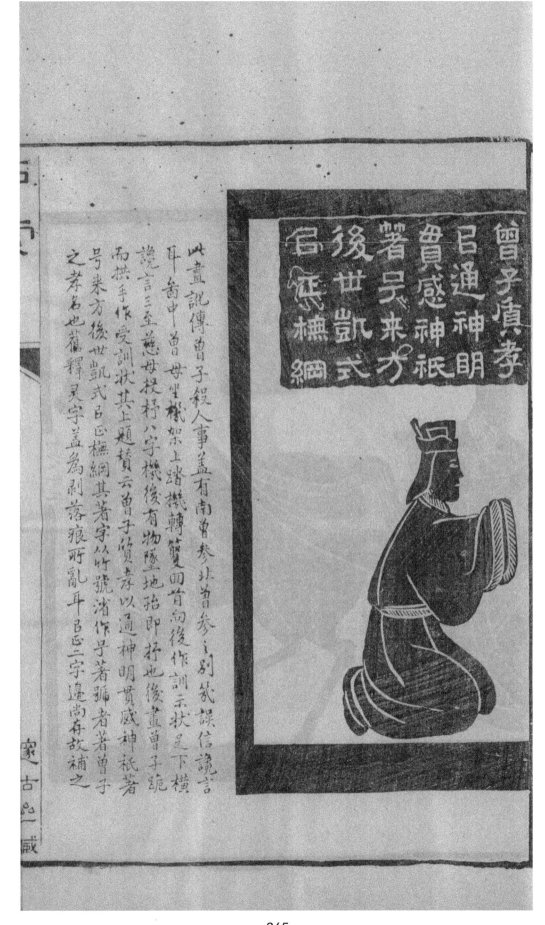

子騫後母弟
子騫父

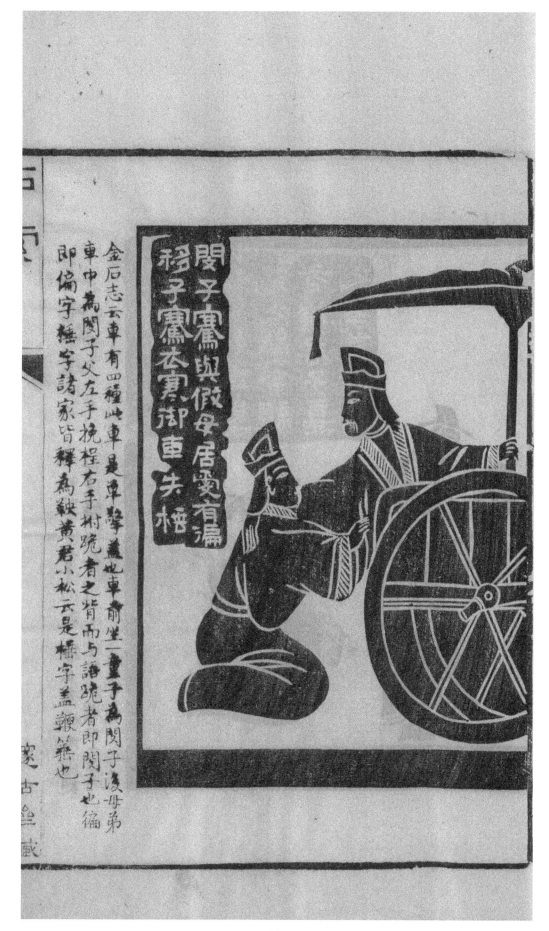

石索

金石志云車有四種此車是輂轝蓋也車前坐一童子爲閔子後母弟
車中爲閔子父左手挽桯右手拊跪者之背而与語跪者即閔子也徧
即偏字棰字諸家皆釋爲鞅黄君小松云是棰字蓋鞭箠也

一之十三

此幅跪者右手似執一旗立者帽有兩翅俱从隸續今已泐斑連即斑斕古音通

圖画二人盤坐于帷幔之内堈座之上座下題萊子父萊子母〻作指顧狀有舉袖而舞者爲萊子跽于後者萊子妻也題其上云老萊子楚人也事親至孝衣服斑連嬰兒之態令親有驩君子嘉之孝莫大焉

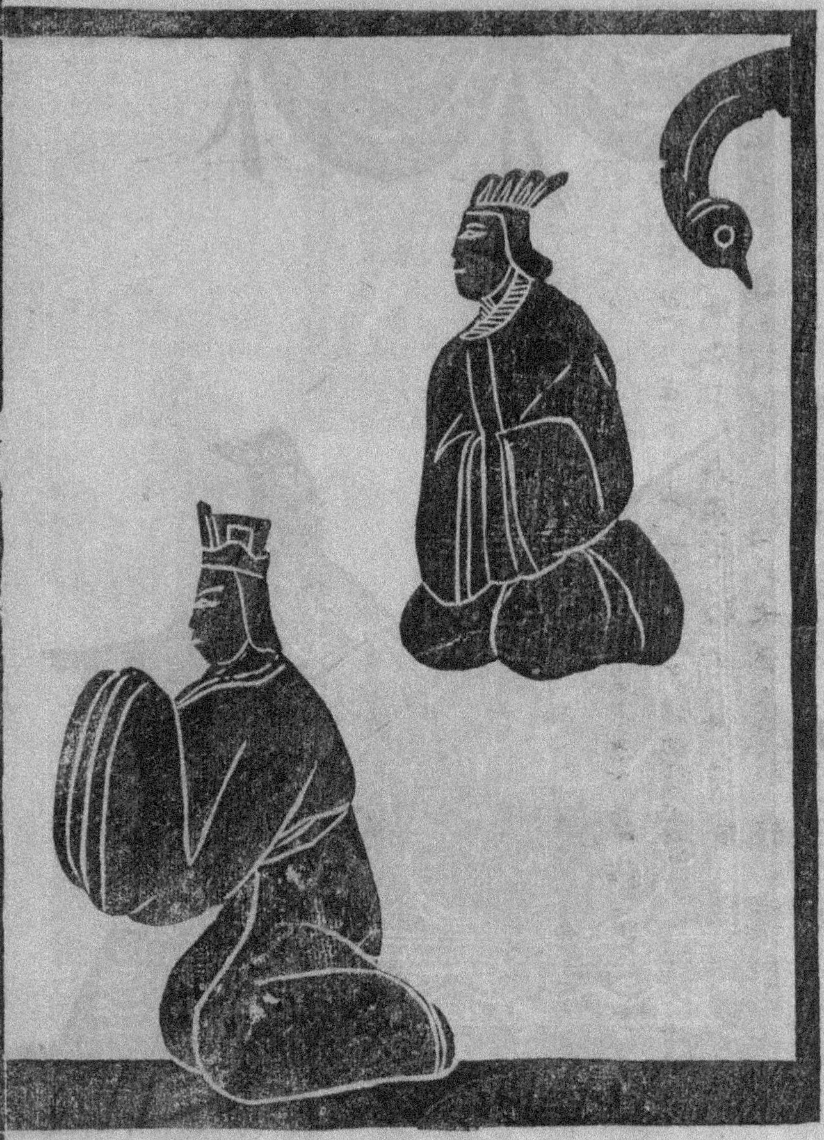

一之十四

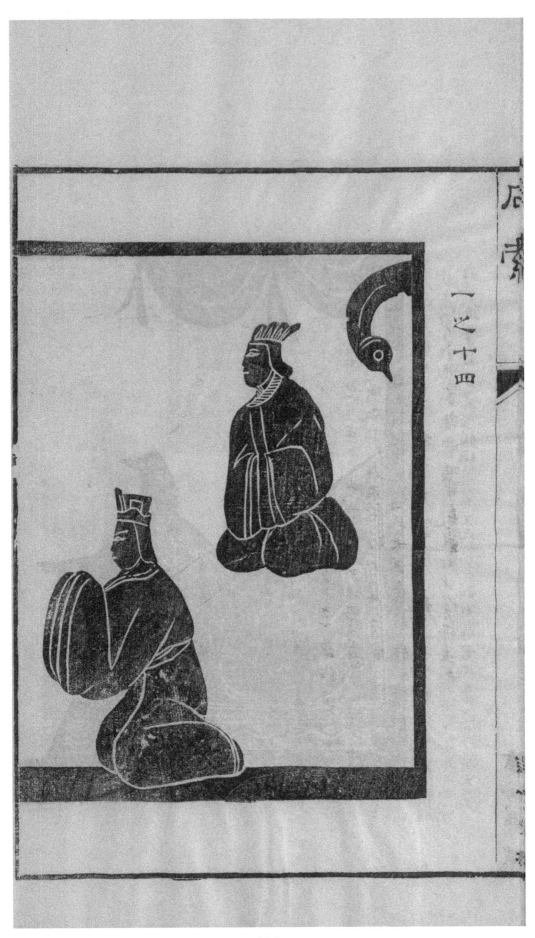

畫木像于左承以堈座者丁蘭父也跪于前者丁蘭跪于後者蘭妻也其上二鳥篆形題于左右下又一物磨滅不能摹畫題云丁蘭二親終歿立木爲父鄰人假物報乃借與吳郡張舍人墳早丁蘭河內人流寓平陵在今興平有子孝村孫盛逸人傳刻木爲人仿佛親形隣人張叔妻從蘭妻有所借蘭妻跪報木人木人不悅不以借之碑有報字本此

以上四格爲畫孝子四事在第一幅之第三層

管仲
齊桓公
曹子刦桓

史刺客傳曹沫為魯將與齊戰三敗北莊公懼獻遂邑齊魯會于柯既盟曹沫執匕首劫桓公左右莫敢動桓公許歸魯侵地沫投其匕首下壇就羣臣位後桓公欲背約管仲不可乃割地曹沫三戰所亡地盡復于魯後百六十七年而吳有專諸之事按曹沫即曹劌

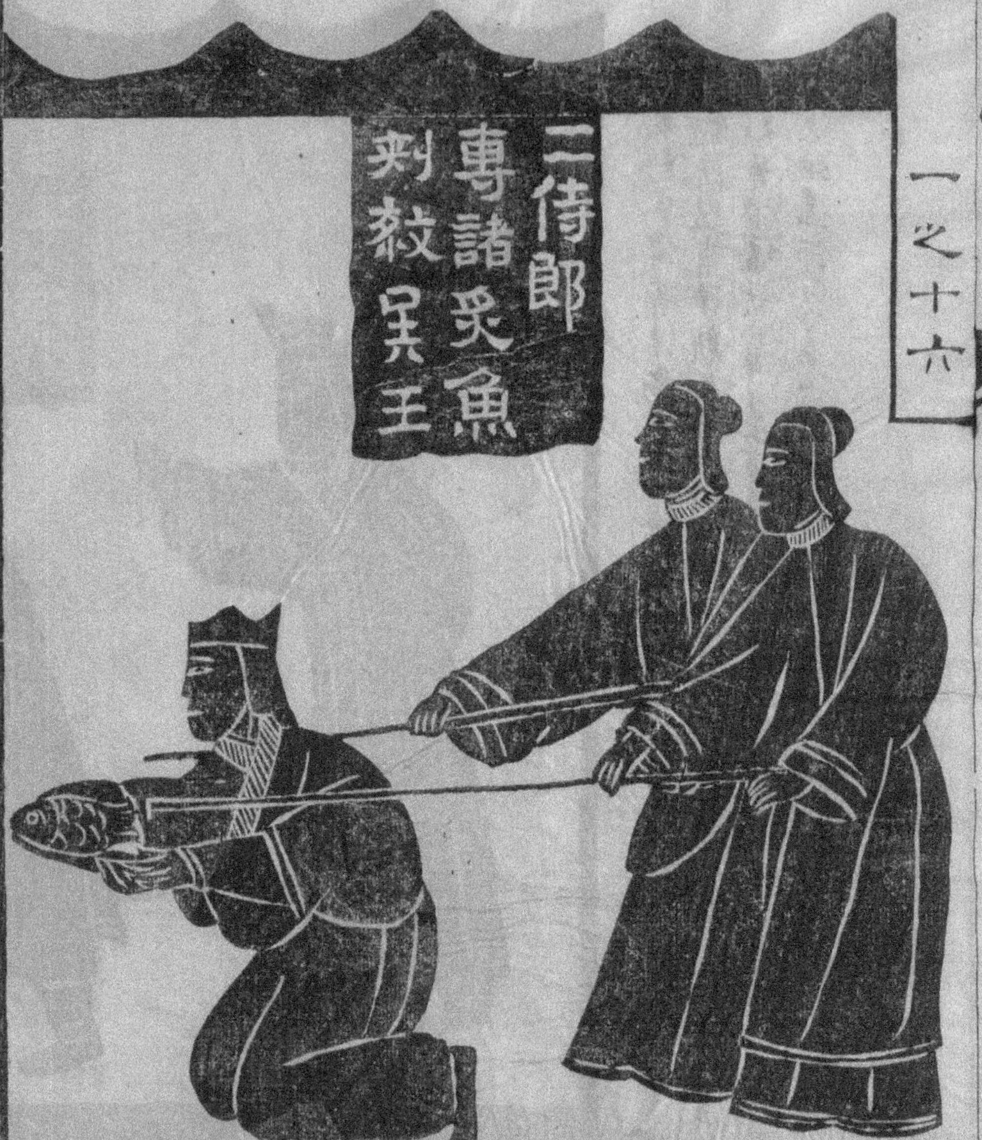
二侍郎
專諸炙魚
刺殺吳王

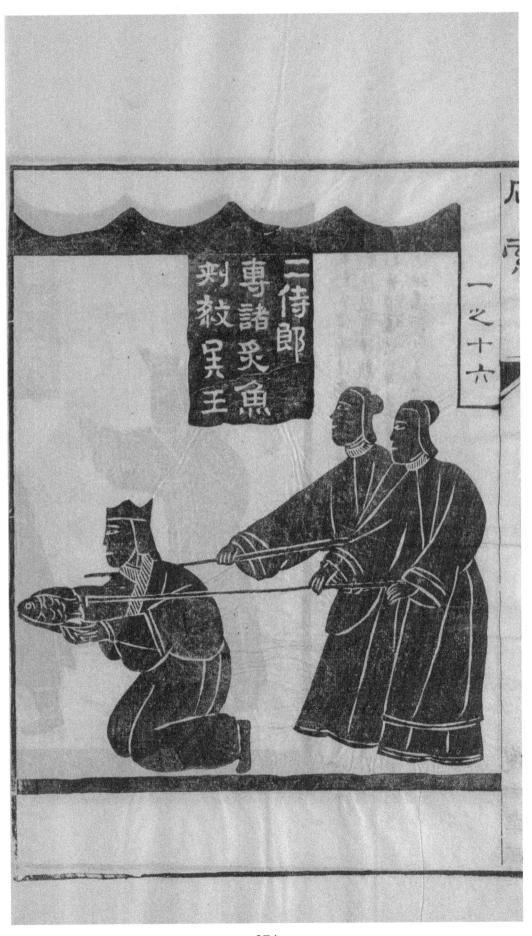

刺客傳專諸吳堂邑人伍子胥進專諸於吳公子光光以長嗣爭立欲殺王僚伏甲窟室而具酒請王僚僚使兵陳自宮至光之家門戶階陛左右皆僚親也夾立侍皆執長鈹光入窟室使專諸置匕首魚炙之腹中專諸擘魚以匕首刺王僚立死左右殺專諸光立是為闔閭封專諸子為上卿

秦舞陽
荊軻
樊於期頭

燕太子丹質于秦〻王遇之不善丹亡歸使荊軻刺秦王軻待客與俱未至丹促之乃遣秦舞陽為副獻督亢圖及樊將軍首事詳刺客傳圖盡荊軻被髮直指舞陽振恐伏地秦王環柱而走俱有神氣其柱中有刄貫之所謂以匕首擿秦王不中中銅柱者是也惟未畫侍醫夏無且以藥囊提荊軻一節其即抱腰者歟題字舞作武期作其古通用王作壬同魯峻碑 以上刺客三事在碑第四層

武梁石室畫像三之一

前一幅十七事在石室東壁此在西壁其上層高銳畫高冠兩翼神人未錄从二層梁節姑姊起

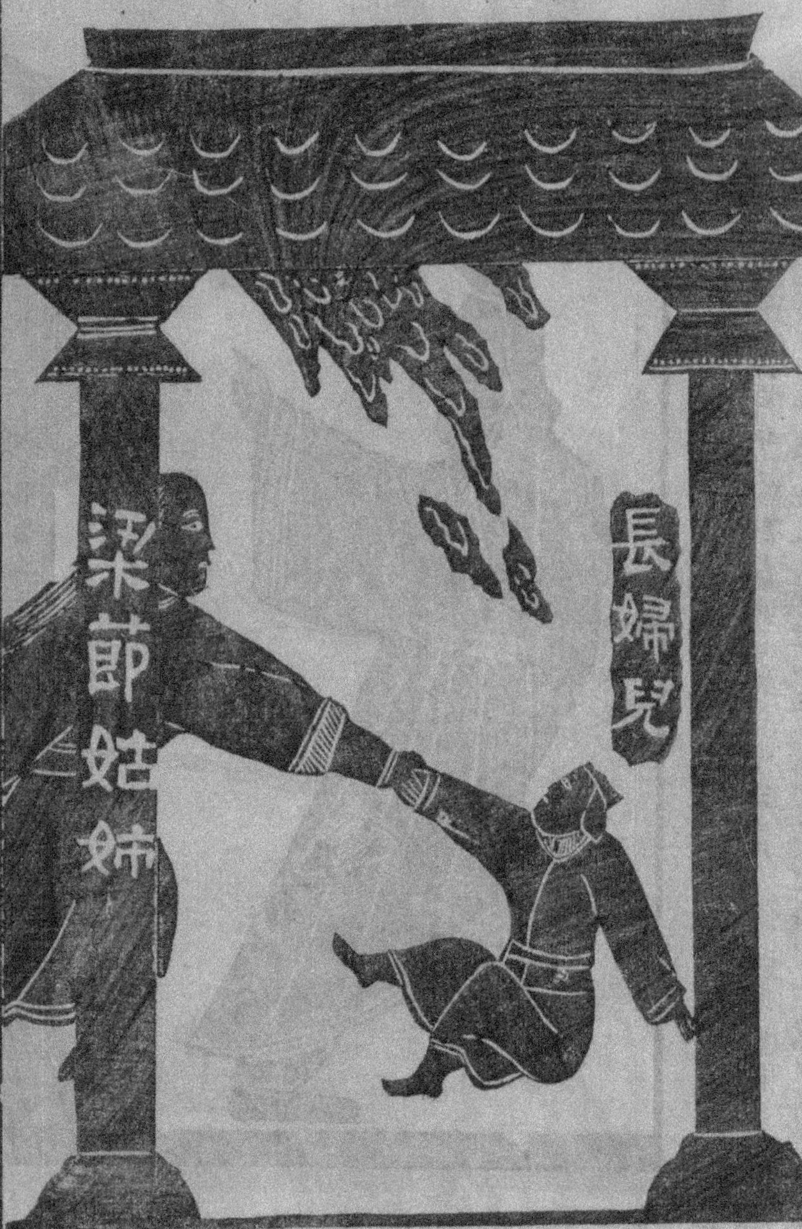

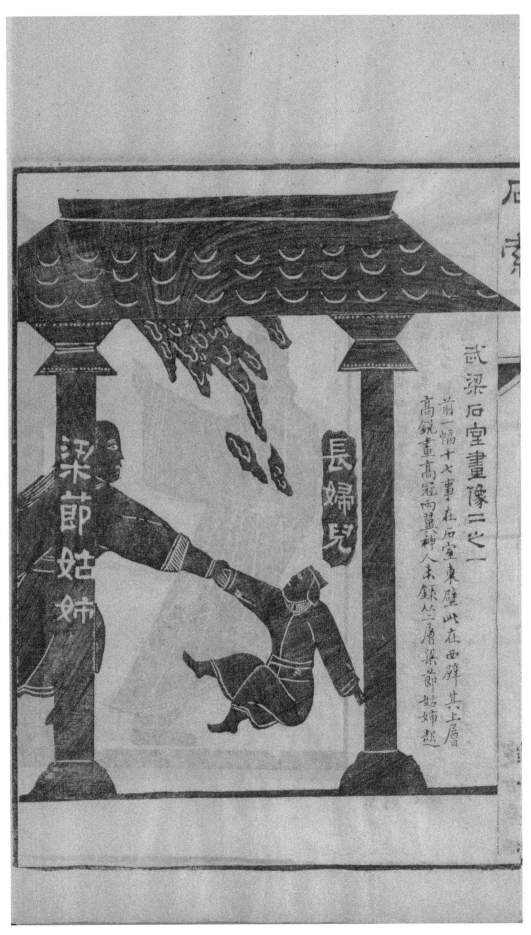

姑姊其室失火取兄子往輙得其子赴火如亡示其誠也

事見列女傳長婦兒者姑姊之嫂之子也室既失火兄子與己二子俱在室中亟往援之欲得兄子輙得己子次欲援兄子火勢已危故救者力援之出而姑姊不忍兄子之死所謂赴火如亡也

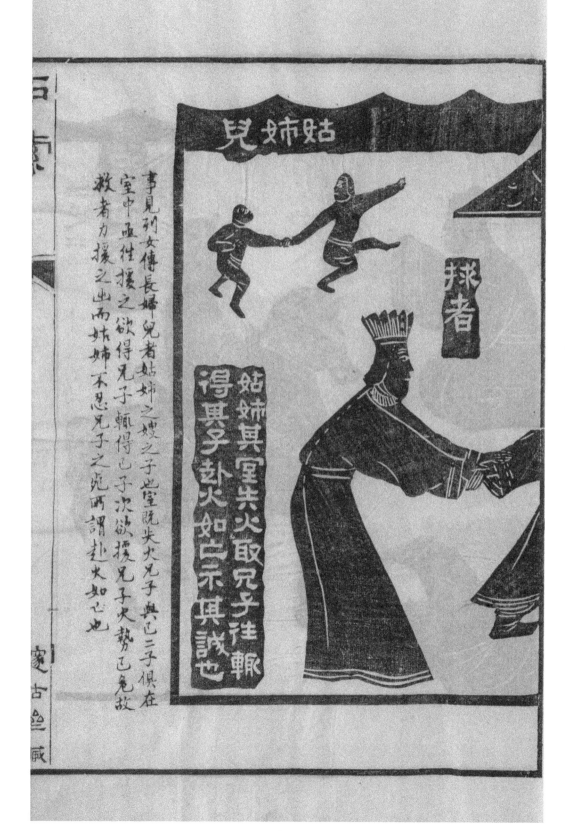

追吏騎
二之二

事見列女傳齊義繼母者二子母宣王時有人鬬死于道者吏訊之被一創兄曰我殺之弟曰非兄迺我殺之期年不能決言于王王召其母問何所欲赦活母泣而對曰殺其少者妻子也長者前妻子其父疾屬善視之王美其義皆不殺而尊其母曰義母

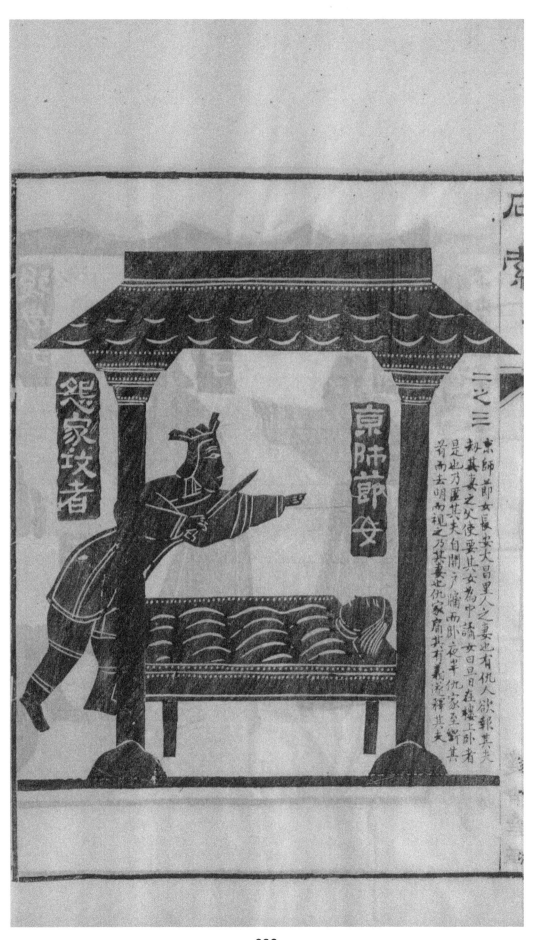

二之三

京師節女長安大昌里人之妻也有仇人欲報其夫劫其妻之父使要其女為中譎女曰旦日在樓上卧者是也乃匿其夫自開戶牖而卧夜半仇家至斷其首而去明而視之乃其妻也仇家痛其有義遂釋其夫

此與搜神記所載楊雍伯施義漿相類疑即此事羊与楊傳寫異文其上一獸形蓋點綴之物

三州孝人也

湯父

此一條在義漿羊公前中一人跪頭面全無左右二人立後有一獸

以下皆在義漿羊公後其人手中似持一杖

魏湯

其人跪而揚其兩手又一童子跪其前或疑古無魏姓鵬按漢丸有嵬氏冢舍

孝鳥

樹上立一鳥

趙[illegible]恉

一人坐一小人立又一人立其後榜中存一趙字半者字

孝孫父

一人立而舉其右手

孝孫

一小人立舉一方物下有二足如射侯

孝孫祖父

一老人跪坐其髮皤然

以上皆零落不能畫但存其字

王子慶忌
稱王慶忌
見史記雖
傳其畫一
物如槎者
舟也二執戈
者兵衛也
王僚刺死王
子慶忌出
亡在衛闔
閭使要離
如衛殺慶
忌涉江欲
劍刺之慶
忌捽要離
投之于江
未死歸吴
自殺事見
呂氏春秋

豫讓殺身以報知己

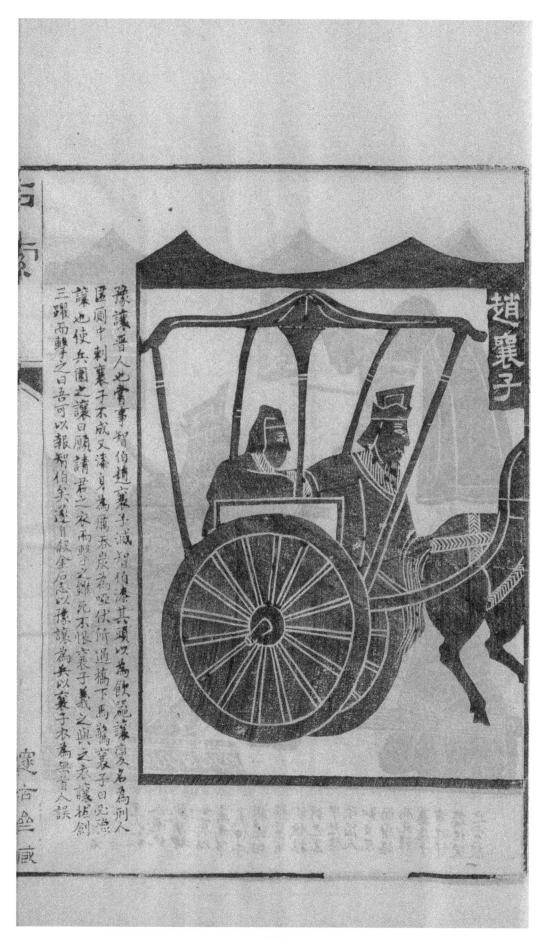

豫讓晉人也嘗事智伯趙襄子滅智伯漆其頭以為飲器讓變名為刑人匿厠中刺襄子不成又漆身為厲吞炭為啞伏所過橋下馬驚襄子曰必豫讓也使兵圍之讓曰願請君之衣而擊之雖死不恨襄子義之與之衣讓拔劍三躍而擊之曰吾可以報智伯矣遂自殺金石志以豫讓為兵以襄子衣為無首人誤

聶政者軹深井里人殺人避仇與母姊如齊以屠爲事嚴仲子與韓相俠累有郤使往刺之兼中烈侯政恐人知自皮面屠腸而死韓暴屍于市政姊嫈往哭之亦自殺

金石志云國策史記聶政所刺者韓相俠累此題韓王與彼異前一人跪向左執劍右執物如琴榜題聶政其後又跪一人按史記聶政仗劍直入中階不言有人偕行亦不言更執何物又一人執劍俯身向聶政作欲殺狀所謂左右大亂也鵬案此就刺客傳論之未覩東孟之會也策云東孟之會聶政揚堅刺相兼君許異蹶列侯而殪之則此云韓王即君也許異蹴列侯使佯死故不見殺其執劍俯身者即聶政非殺聶政者榜題自明其鼓琴持刀者或是楊堅〻者政之副猶秦武陽惟未畫韓傀其跪于後者究未悉何人耳

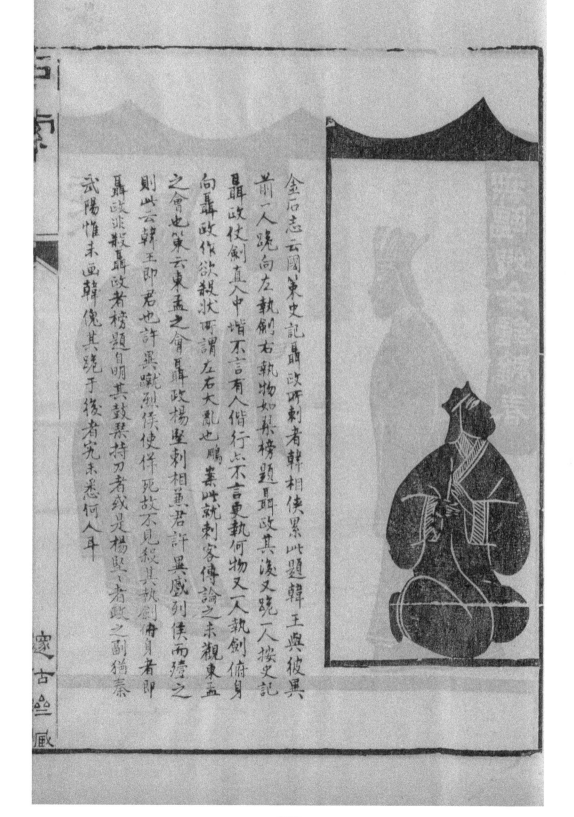

無鹽媿女鍾離春
齊王
二之八

鍾離春齊無鹽邑女也貌甚陋年四十無所容自謁齊王謂有四殆王歎納之見列女傳此畫齊王右袖披一物如帨巾上題齊王二字鍾離春斂身若進諫狀旁題無鹽媿女鍾離春七字媿即醜字二人位置自明隸續以前幅之末跪者一人為無鹽醜女此為鍾離春誤分為二金石志已辨之矣　以上第四層止

齊王也

縣功曹

此層有一逢車斗駕之車中人已泐蓋處士也有一人下車跪于處士車前手捧物如書幣蓋縣功曹之迎處士也其上畫一物如龍皆不可曉未之審錄　第五層止

此以上俱在第二幅中為石室之右壁也刻其八事無故實者畧之

三之一

此一石為石室之後壁故平頂無銳尖亦無雲龍神物之狀故畫祇四層此第一層从梁高行起

列女傳載梁高行早寡貴人多爭娶之不能得梁王使相聘焉高行乃援鏡操刀以割其鼻曰妾已刑餘之人殆可釋矣王高其節號曰高行畫一人執符在高行座後又一人跪而奉金在其前又一人手執節旄蓋梁相也其後尚有兩馬駕一車蓋使者之車未錄

秋胡妻

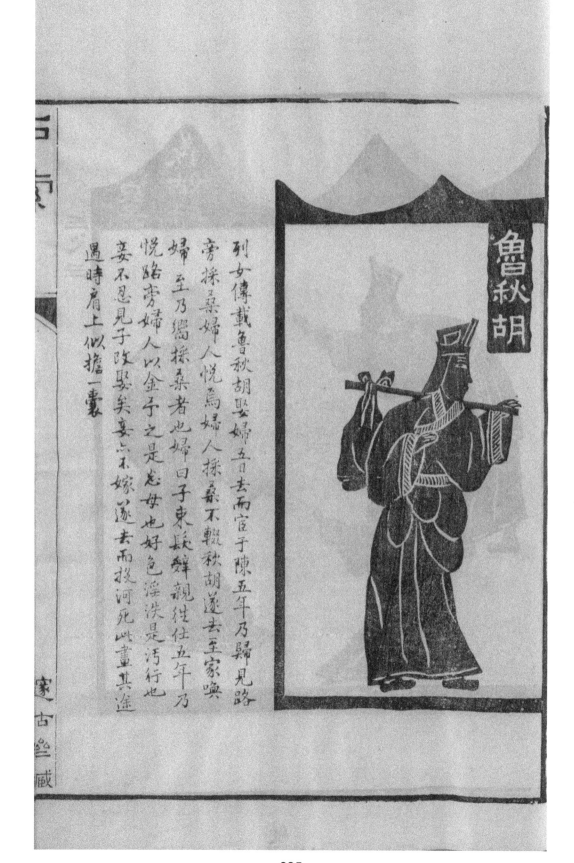

列女傳載魯秋胡娶婦五日去而宦于陳五年乃歸見路旁採桑婦人悅爲婦人採桑不輟秋胡遂去至家喚婦至乃嚮採桑者也婦曰子束髮辭親往仕五年乃悅路旁婦人以金予之是忘母也好色淫泆是汚行也妾不忍見子改娶矣妾亦不嫁遂去而投河死此畫其途遇時肩上似擔一囊

三之三

石索

邃古齋藏

齊將軍

列女傳載齊攻魯見婦人携一兒抱一兒行軍且及棄其所抱抱其所携兒隨而啼婦行不顧齊將問之對曰抱者兄子棄者妾子力不能兩獲故忍棄子而行于是齊將按兵而止曰魯未可伐也婦人猶持節行況朝廷乎魯君聞之賜以束帛號義姑姊嗚按今嵫陽尚有義姑姊祠

三之四

貞姜者楚昭王夫人越女也昭王出遊留夫人漸臺之上江水大至使人迎之忘持其符夫人不行使者還取符臺崩夫人死昭王嗟曰守以義死節不爲苟生處約持信以成其貞乃號曰貞姜事見列女傳

邃古盦藏

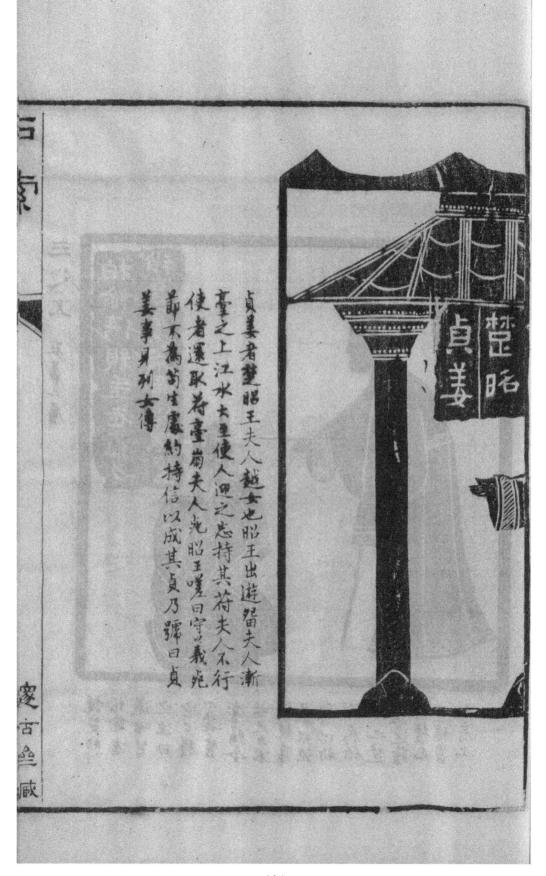

三之五　在第二層

說苑韓伯瑜有過母笞之泣曰它日得罪母笞嘗痛今母之力不能使痛是以泣碑以柏榆為伯瑜也楚悲連讀因榜已足補書右肩上

渠父
邢渠哺父
覃谿先生云邢渠哺父事古今傳記
不載賴此石室畫象傳之

董永千乘人也
永父

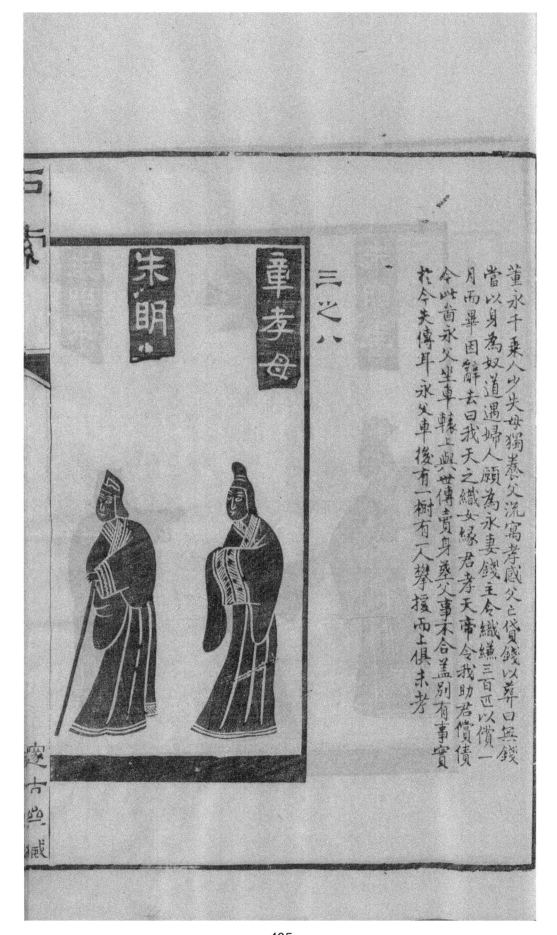

三之八

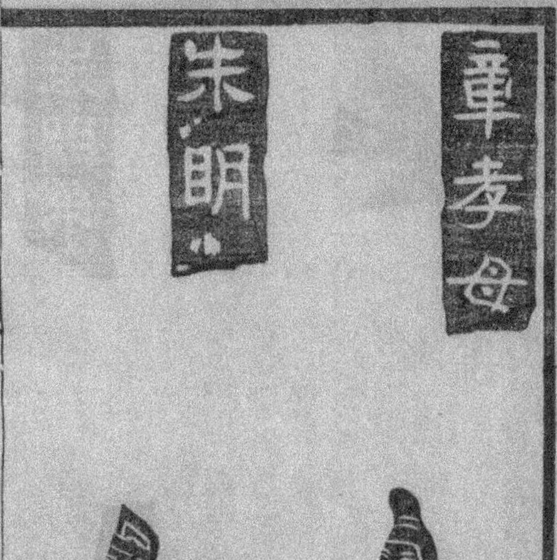

董永千乘人少失母獨養父流寓孝感父亡貸錢以葬曰無錢當以身為奴道遇婦人願為永妻錢主令織縑三百匹以償一月而畢因辭去曰我天之織女緣君孝天帝令我助君償債今此畫永父坐車轅上與世傳賣身葬父事不合蓋別有事實於今失傳耳永父車後有一樹有一人攀援而上俱未考

石索三

三之七

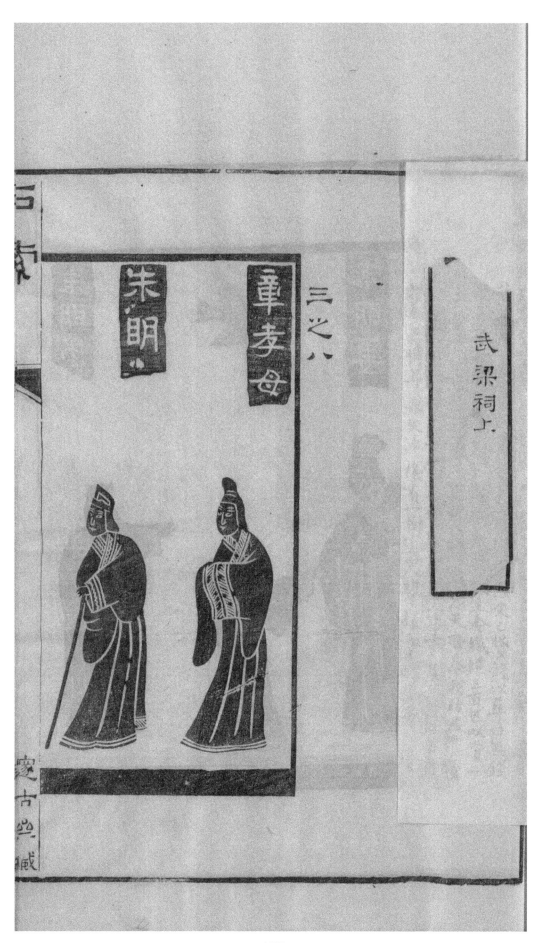

武梁祠上

三之八

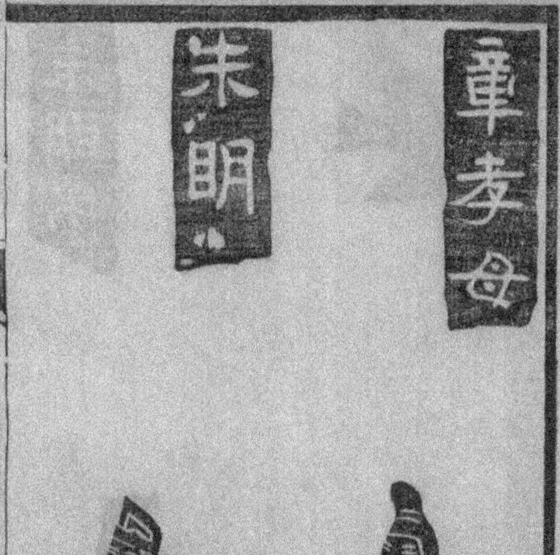

石索

邃古齋藏

朱明事未審俟考

後漢獨行傳李善字次孫南陽淯陽人本縣李元蒼頭建武中疫疾元家相繼死惟孤兒續始生數旬而貲財千萬諸婢謀殺續分其產善潛負續逃去隱山陽瑕邱閒親自哺養乳為生湩續雖孩抱奉之不異長君有事輒長跪請白然後行續十歲善與歸本縣理舊業告奴婢于長史收殺之瑕邱令鍾離意上書薦善行狀光武詔拜太子舍人後善至九江太守續至河閒相此幅僅存半孤字依隸續補之金石志以為李變王成非也

三之十

此石裂缺止存騎都尉今从隸續補休屠像其騎都尉無名必金日磾也

漢書金日磾張掖人休屠王子没入官武帝奇其狀拜侍中賜姓金氏後為車騎將軍又曰金日磾母教誨兩子甚有法度上聞而嘉之母死詔圖畫其像于甘泉宮署曰休屠王閼氏日磾每見畫常拜之涕泣今此圖但稱休屠而不言王閼氏或隸續省文耳

遂古堂藏

三之十二

趙惠文王得和氏璧秦昭王遺書願以十五城易之趙遣藺相如奉璧于秦。王喜傳示美人相如視秦無意償趙城乃前曰璧有瑕請指示相如持璧倚柱怒髮衝冠顧頭與璧俱碎睨柱欲擊秦王恐破璧乃辭謝固請召有司案圖以十五都予趙相如度秦詐佯許齋戒五日上璧乃使其從者衣褐懷璧從徑道亡歸璧于趙

此人有榜無學盖范且門下人

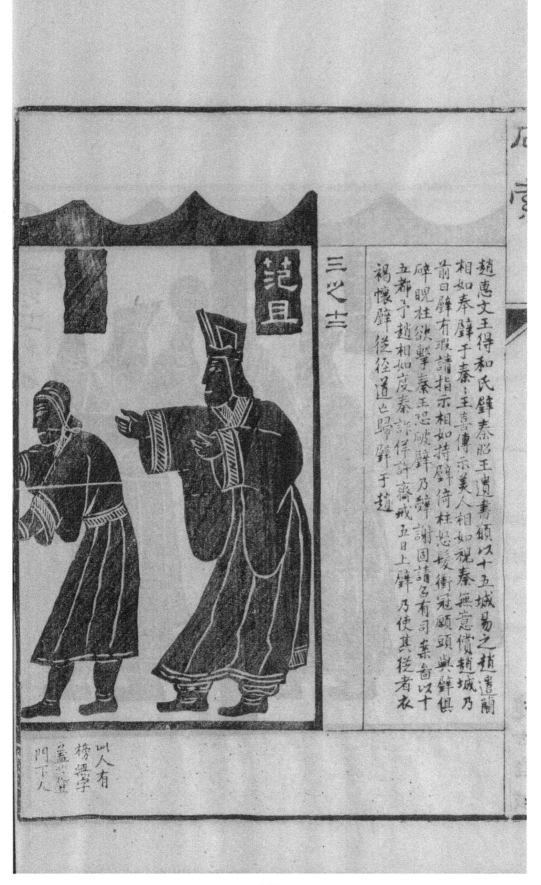

范且即范雎魏人家貧從魏中大夫須賈使于齊襄王聞雎辯口使賜金十斤及牛酒須疑雎以告魏相魏齊〻使舍人笞雎折脅摺齒雎佯死即卷以簀置厠中逃出鄭安平匿之從秦謁者王稽入秦上秦王書拜客卿匿時改名張祿故秦號爲張祿魏不知也昭王四十一年雎相秦將東伐韓魏使須賈於秦雎敝衣微行之邸見須賈〻驚曰范叔無恙乎曰爲人庸賃須哀之曰范叔一寒至此哉取一綈袍贈之須欲謁張相雎許爲借大車駟馬于主人翁爲之御車入秦相府且請先入通于相君賈待門下良久曰范叔何不出也門下人曰無范叔乃吾相張君也須賈大驚乃肉袒膝行因門下人謝罪事詳史記此盡其膝行謝罪時也

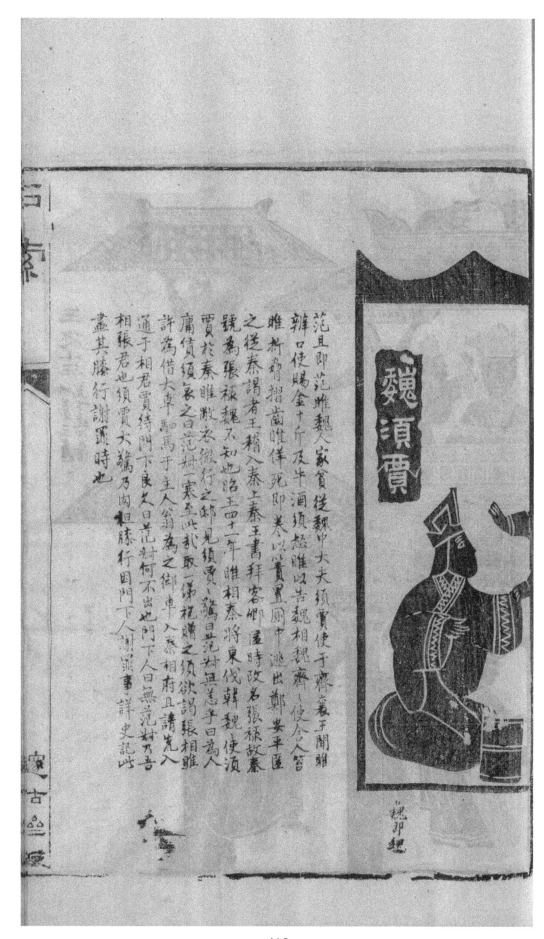

三之十三
此第三層
直下連四層

遂古堂藏

石索

邃古齋藏

此通三四層為一事在第三石之末雖無標題然在前二段秦事之後其
樓閣工麗人物精嚴疑當日阿房宮之制所謂五步一樓十步一閣者否亦君
侯宅第也畫樓重櫛上綴鳥獸屋瓦鱗次琱欄鏤柱樓有四阿左右有四亶
各琱刻石人相承為柱兩柱左右夾輔相望閣道相屬樓中端坐一人五梁冠似
綴珠鳳眉有髯綦組蓋妃嬪貴人之屬旁有女侍五人或執樸或持鏡或持杯之
狀樓下有帳有冠服立者有跪而啟事者俱剝落難辨仿佛補之樓外有捧
笏立者樓旁有院落苑中有合歡樹交枝結紐若連理枝頒葉密衆鳥
翔集有一人在樓屋角上彎弓射之樹懸一筐有二小兒援上樹左一馬一鶴右
有空車未畫其前又一車外向有御者有扶蓋者此層上有七人貴者立二執
笏者跪于前二冠服者隨于後又有荷橐執棋者蓋賤者也

武梁祠畫像三石自伏羲而下載于隸續者亦以近未搜討
日精山左金石志所謂漢人畫像莫古于此覃谿錄不獻其
詳者識叢前人所未發也所謂唐拓本爲汪雪礓藏所
賸今歸黃小松者雖未見之而聽存武宅山下時之近精
拓特有清晰字細之摹釋有增無減則彼亦未必為
唐拓也

武氏前石室畫像十五石

前石第二

第一石畫孔門弟子十四人無標題不錄

此第二石之上一層

以下畫石前後亦無倫次姑就小松司馬一時所得編列記數之序

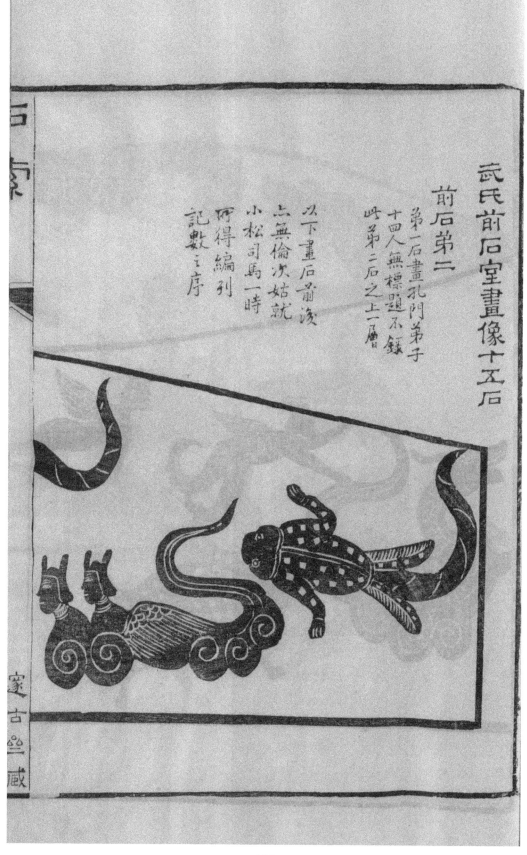

石索

邃古齋藏

石室中之石凡有尖角隆起者上層皆畫雲龍神人〻狀皆無題字此畫石較清晰故摹錄〻以概其餘此中一神人坐臺上冠六稜而肩兩翼下有一人一龍仰承其臺上有雲龍及鳥身人手旁有侍者二其一持碗未定為何神也其外五人皆雙了頂鳥翼而兩足如尾相推而行又有兩首人二三首尾鳥一蟠蜍二鳥二皆內向按山海經載兩首人曰𡿮〻三獸相并曰雙〻人面鳥身神曰禺彊又惲諸之山至蔓渠之山九山一千六百七十里神皆人面而鳥身與此相侶又云蛇巫山一曰龜山有人操杯而東向西王母梯几而戴勝有三青鳥為西王母使又云夏后開乘兩青龍雲蓋三層事俱相類朱朗齋以為佛像陋矣

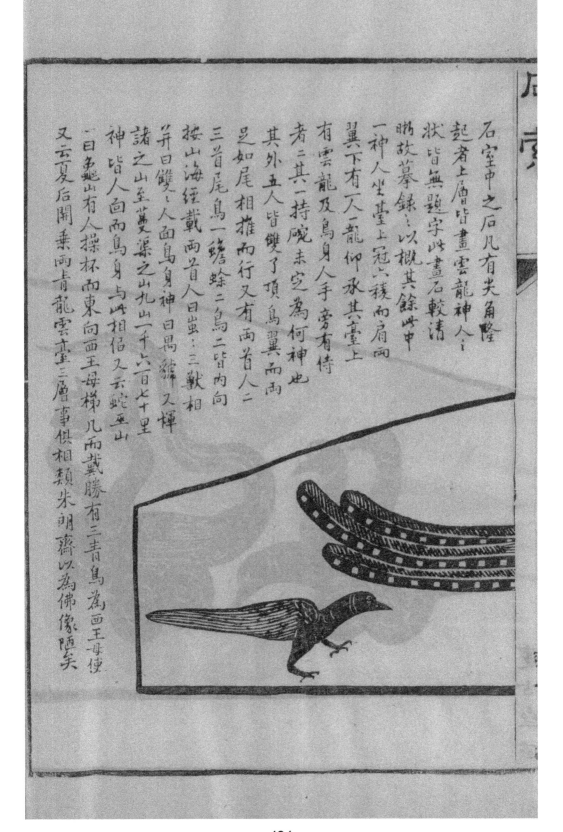

石索

此第二層畫孔門弟子十九人較第一石畫十四人者明晰故錄此

邃古齋藏

石索

邃古齋藏

子路

此年少者疑是顏子

此第三層畫車馬人物

車上一字泐

此丞相車

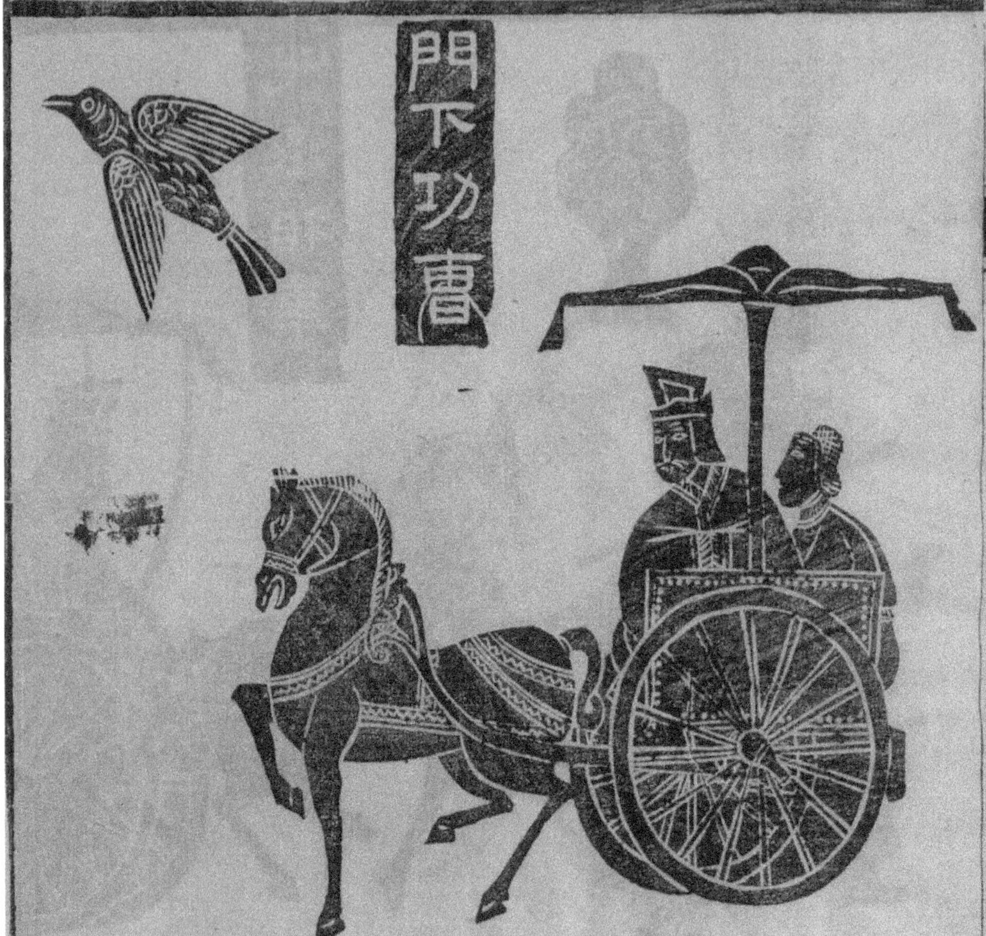
門下功曹

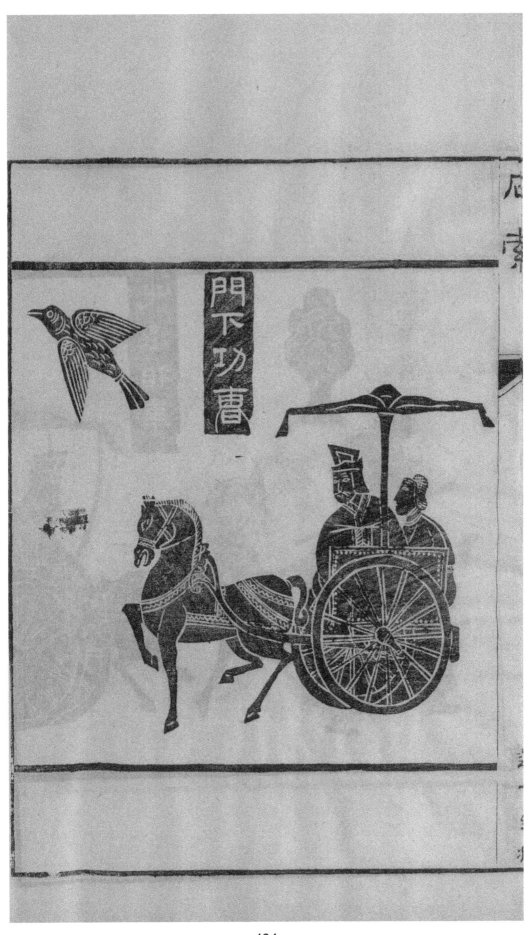

門下功曹

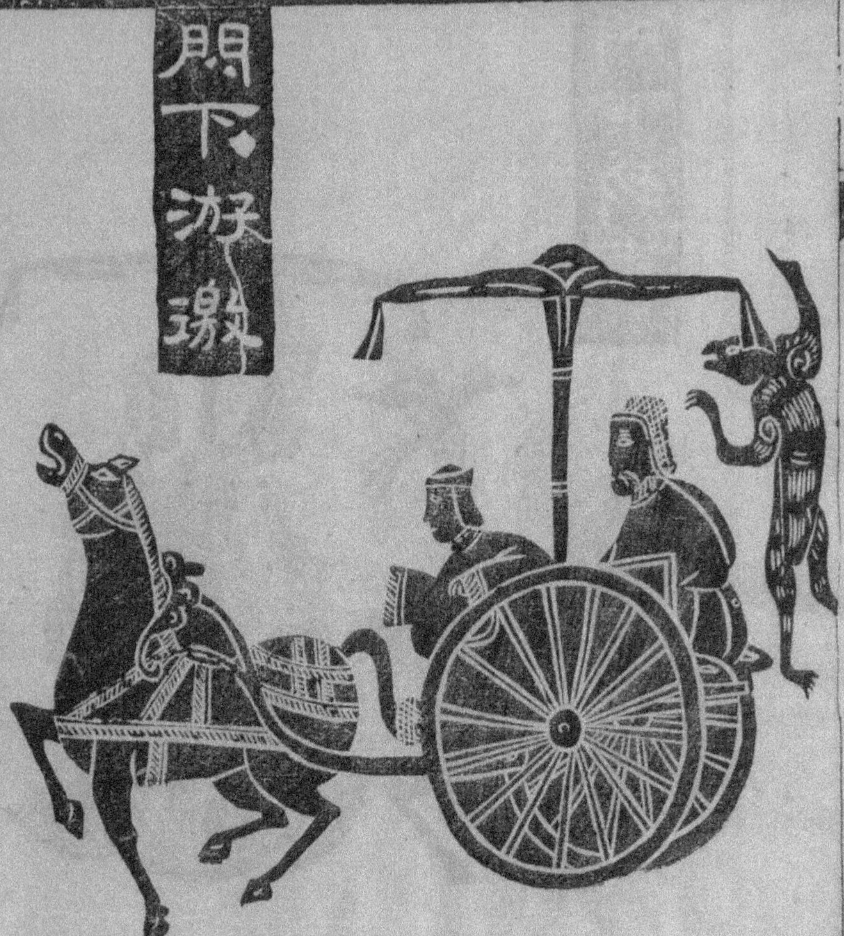

冠有布紋疑即緇布冠也

畫中但言丞相車不明何人疑秦李斯之屬

第二石止

前石三

第一層與二層相連所畫樓閣工細及合懽樹等與上同不錄

第三層

共畫三車步導二人手執旗及桿騎導二人執戈與第四石畧同

君車

門下功曹

門下游徼

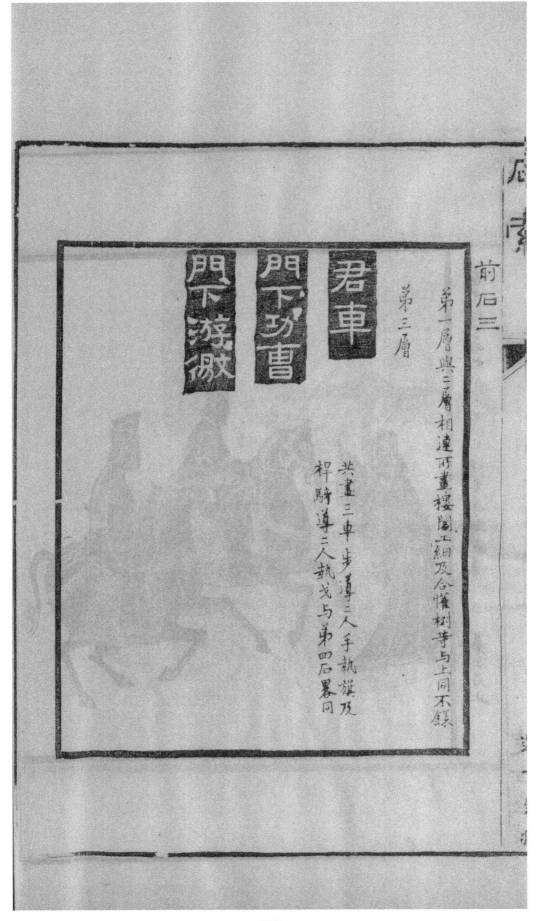

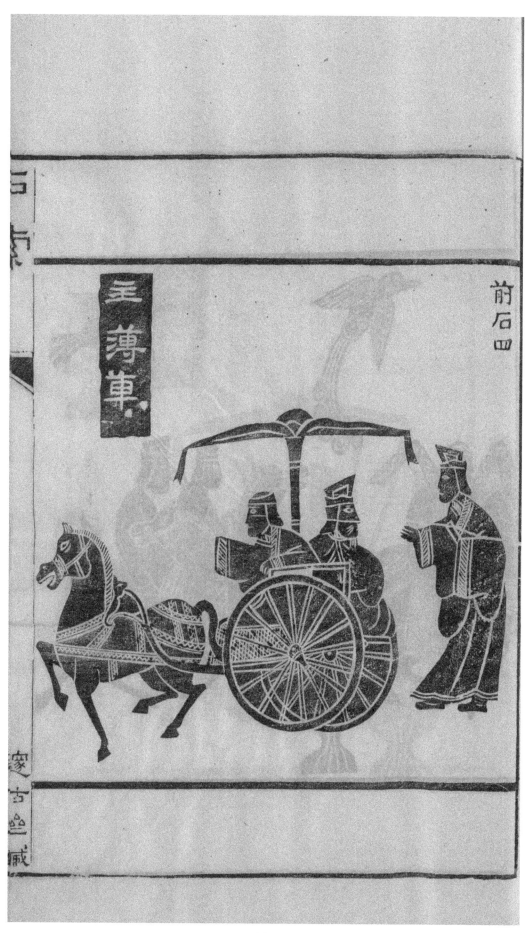

前石四

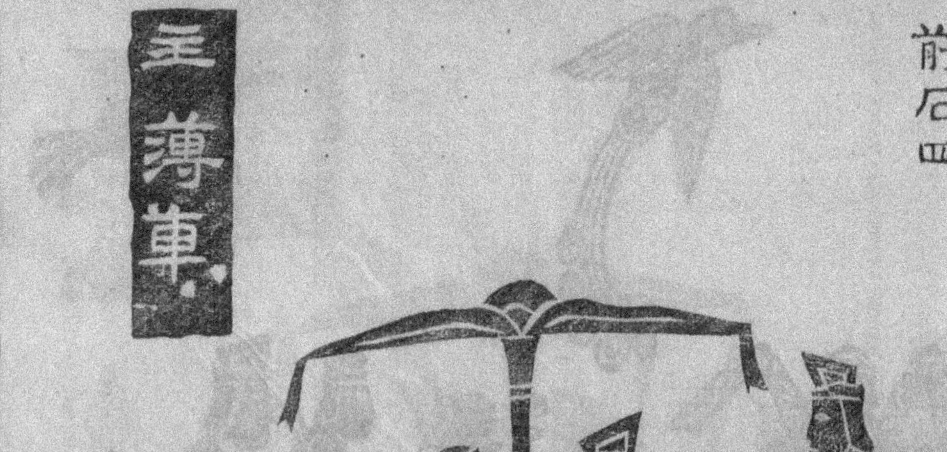

令車

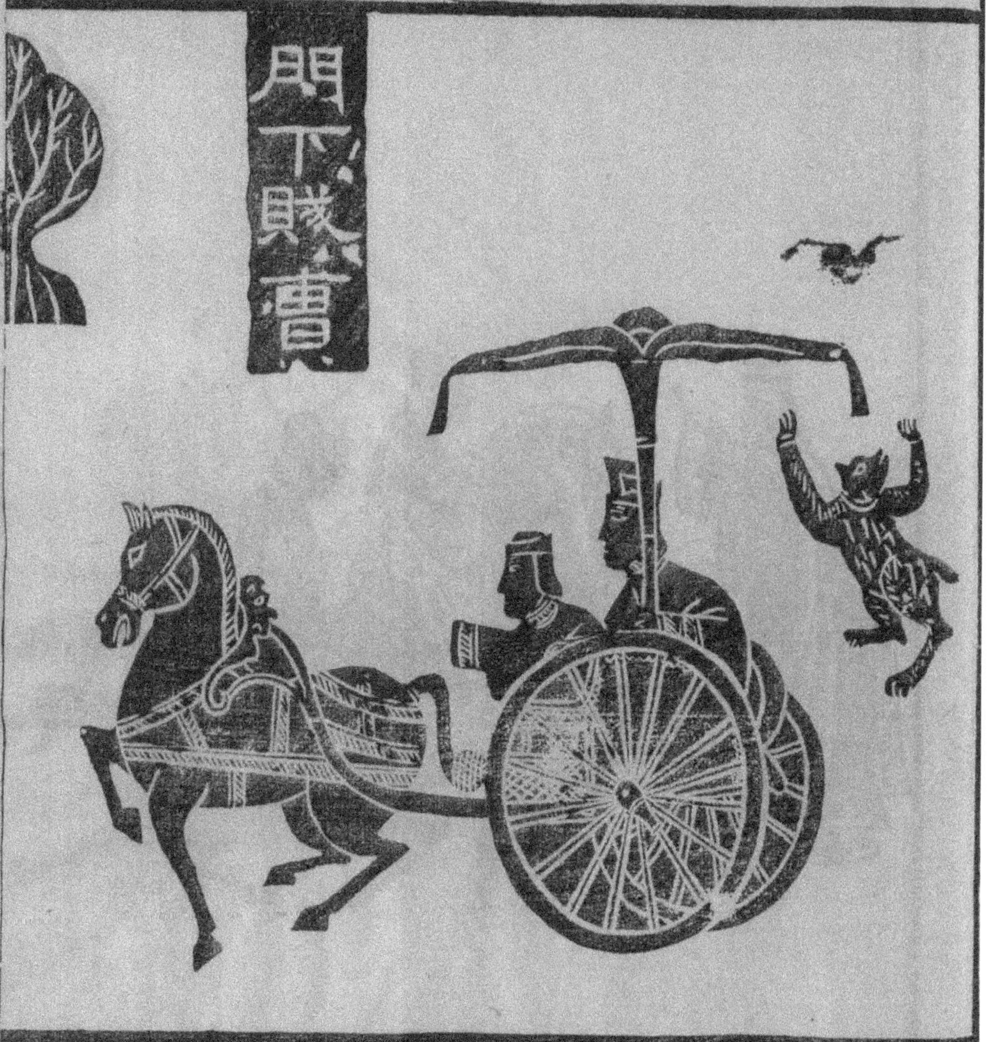

邃古齋藏

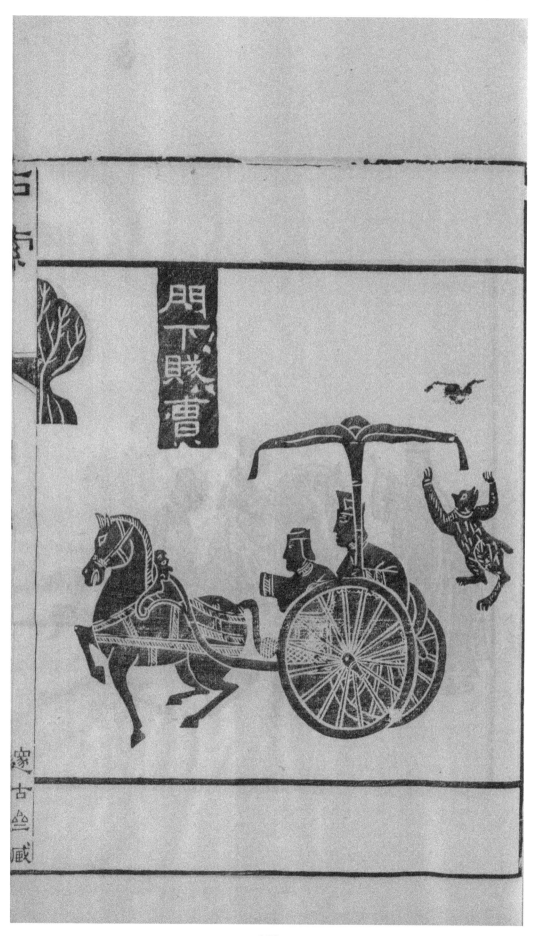

前石四止

前石五　此第三層

此石銳上其第一層画雲龍人物及雙鳥鵲巢之狀其中坐一人已泐次層孔門弟子廿六人有四榜無題字俱未錄

主薄車

弋君車馬

此騎吏
調間二人

前石六

此上一層畫車騎攻戰之狀

此二榜無字

功曹車

古泉

尉卿車

遂古堂藏

碑畫車騎戰士題官名而不載人名疑當日武氏有軍功者故畫于壁今不可考如武班碑云厲吏士哮虎之怒薄伐字狄九百姓賴之邦域以寧可見矣下層同

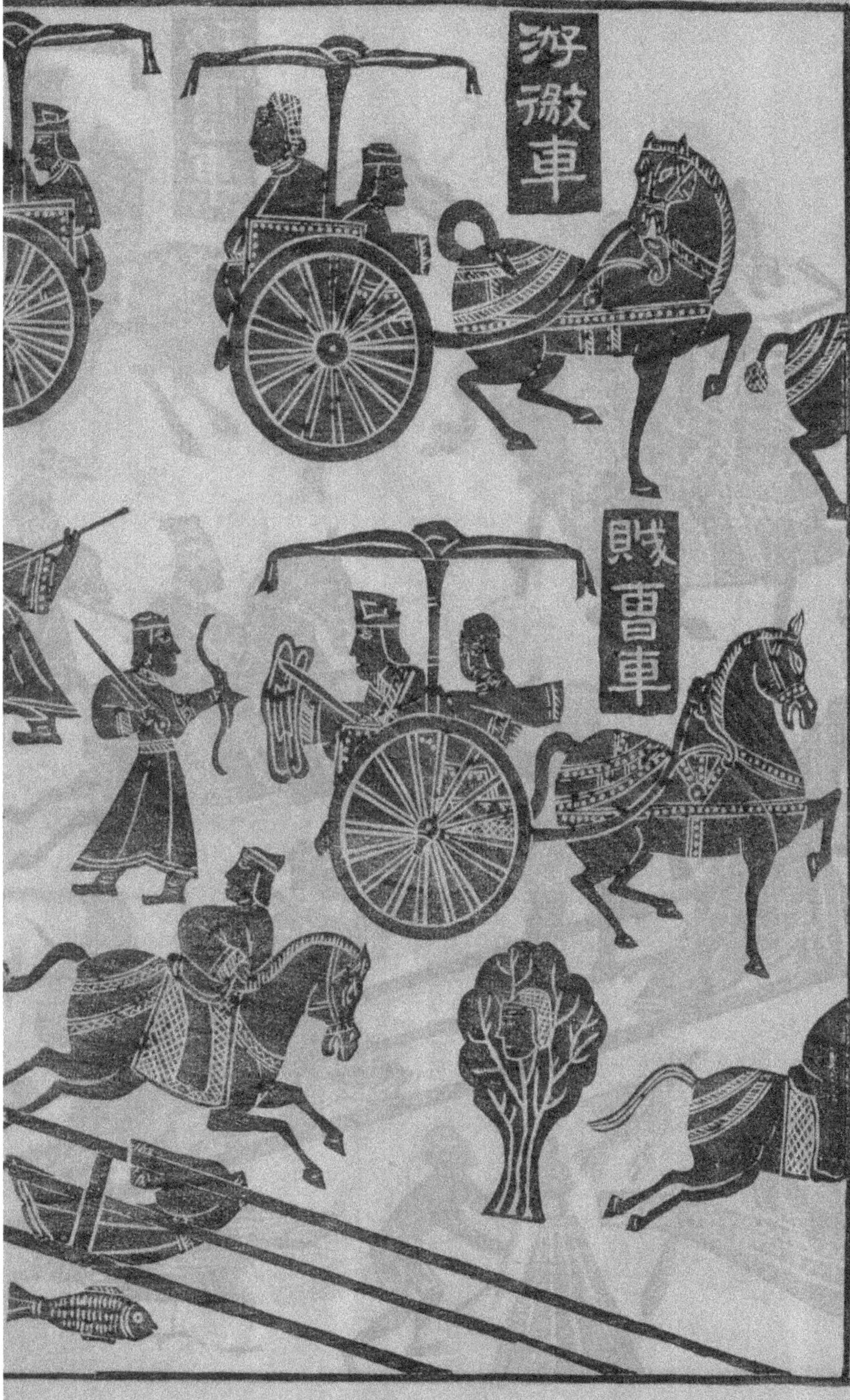

此六石之下層畫水陸攻戰之狀雖有橫線隔斷寔一時事也
與後石室之第七石大同小異此有題榜較明晰

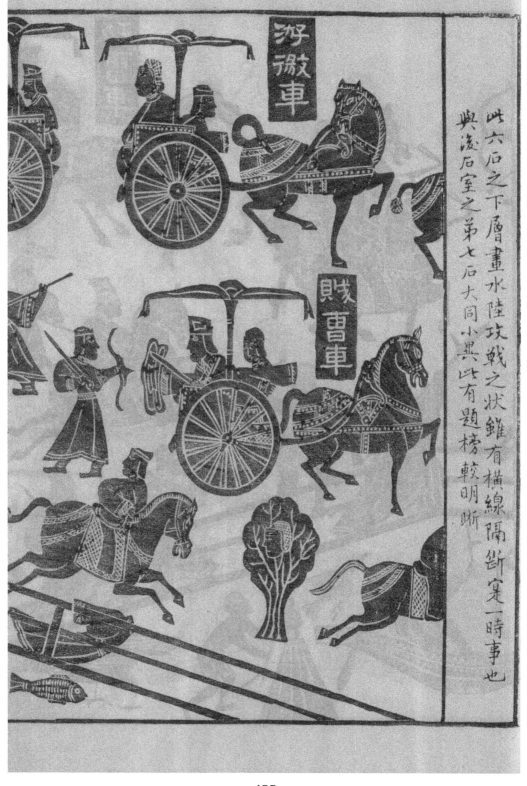

功曹車

主薄車
主記車
前六石上

石索

前石七

邃古齋藏

伯游也
伯游母

萊子父母
老萊子

乳母
冉季載
第二層

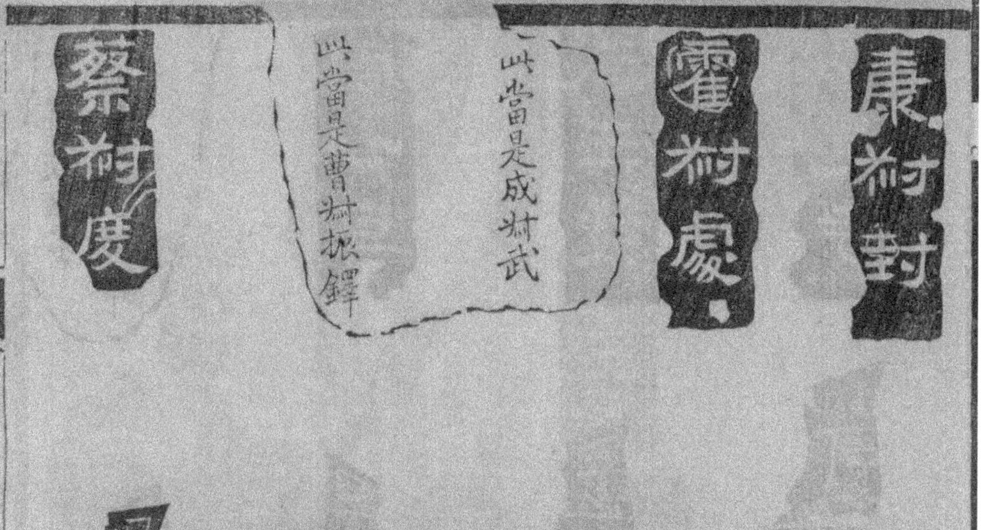
康叔封
霍叔處
此當是成叔武
此當是曹叔振鐸
蔡叔度

碑破無字
此當是管叔鮮
周公旦
武王發
伯邑考

石室

邃古堂藏

此畫武王同母兄弟十人序次自後而前蓋自內而外也史管蔡世家云武王同母兄弟十人母曰太姒其長子曰伯邑考次曰武王發次曰管叔鮮次曰周公旦次曰蔡叔度次曰曹叔振鐸次曰成叔武次曰霍叔處次曰康叔封次曰冉季載季載最少此畫畫之人坐于帷帳內者為文王為太姒一執符者立于後其立于前者伯邑考至冉季載止十人以次而亦列周公于管叔之上其管叔曹叔成叔破缺殊甚人餘半截榜亦全無故依原次擬補之其霍字磨泐僅有成字鈎挑考白虎通姓名篇引詩傳作霍叔武成叔處冉季載作南季載且云南為采邑今榜上存半季字一載字未知其為南季載冉季載姑從史記一例補之以俟考為季載最少故其後畫一乳母手中持節其後又一人手中執版蓋內官之屬其末一獸亦點綴物耳

刑渠

孝子刑

此宣盖車

此即上邢渠哺父事
刑即邢字以下全泐

宣盖車上似林之字泐
以上二事在上層末因畫泐故附于次層後

此第三層畫燕饗樂舞之事

一人倒豎一人長袖而舞舞者所踹非鼓非礎乃革囊也旁有盤盂一具亦舞所用樂府有杯槃舞詞

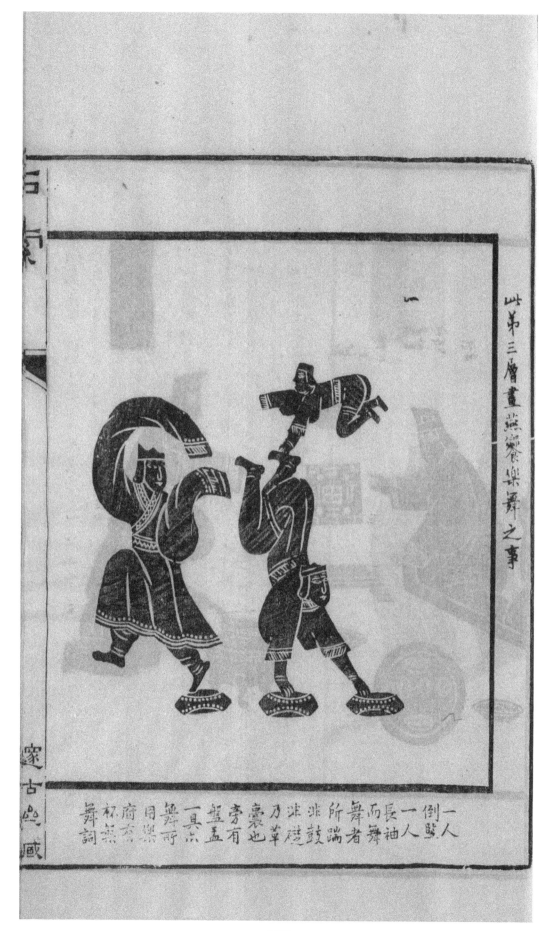

此通上二舞者為一時事蓋燕飲而觀樂舞也其位于西者三人為賓跪于東者二人為主其上有二榜惜無題字不能舉其人以實之也其中有案有槃有盂有食物有盤鼎其末一人方舉勺作挹注之狀

此段後有人物車騎無題字未錄

邃古齋藏

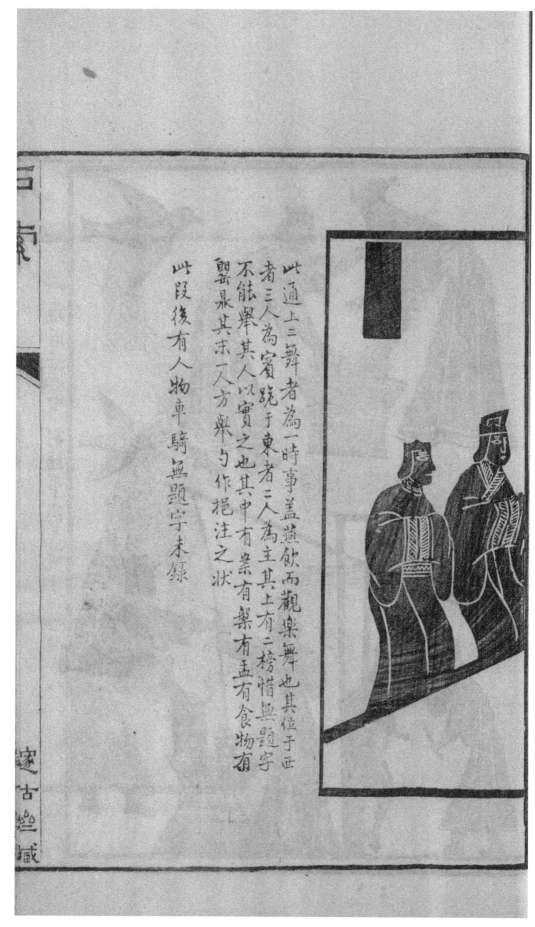

此庖廚汲水宰割諸事末有牽牛者已泐未入

從齊將起至此四層止

邃古齋藏

此秦王

此即荊軻刺秦王事詳見前

侍

下一字泐

魯秋胡

秋胡婦

秋胡事見前此畧小異

胡字作胡不从古而从古此漢隸變體鵰得一周仲鏡末有吳胡傷里四字胡亦作胡觀此可知其不誤

齊王

此即無鹽醜女諫齊宣王事今泐

此五榜在第二層其第一層尖頂畫雲龍第三層有榜無字

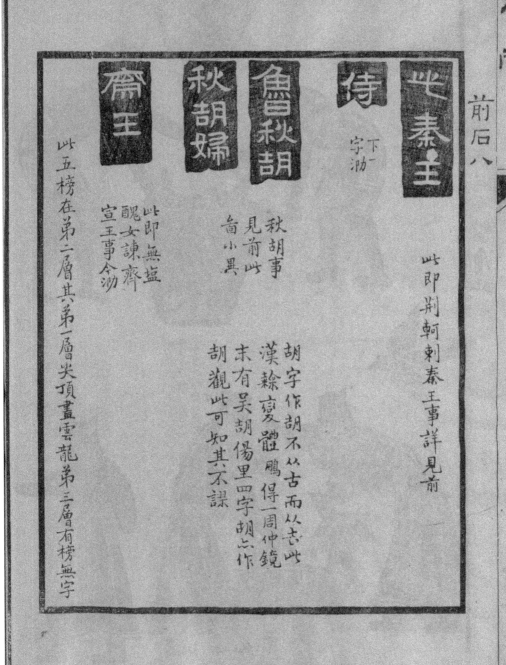

中層

此齊桓公也

當画桓公仆地膝旁有一車蓋亦倒地与曹子劫桓不類疑别一事也前後有執弓者有持羽箭者有拊掌作驚狀者案知何謂其齊字作齋漢人齋齊無分每通用之此又增作四點亦隨意增減耳

頂上尖層畫神人泐

末層

君為都□時

都下一字泐佔中字而中字不合疑是尉字

五官掾車

君為市掾時

當畫車馬符節之屬与它石相似而泐已過半

此二君字指墓中人也

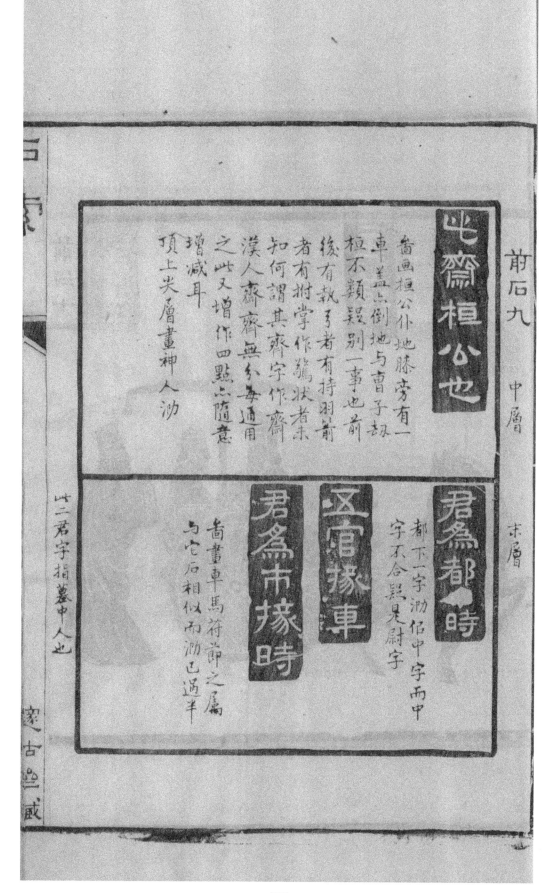

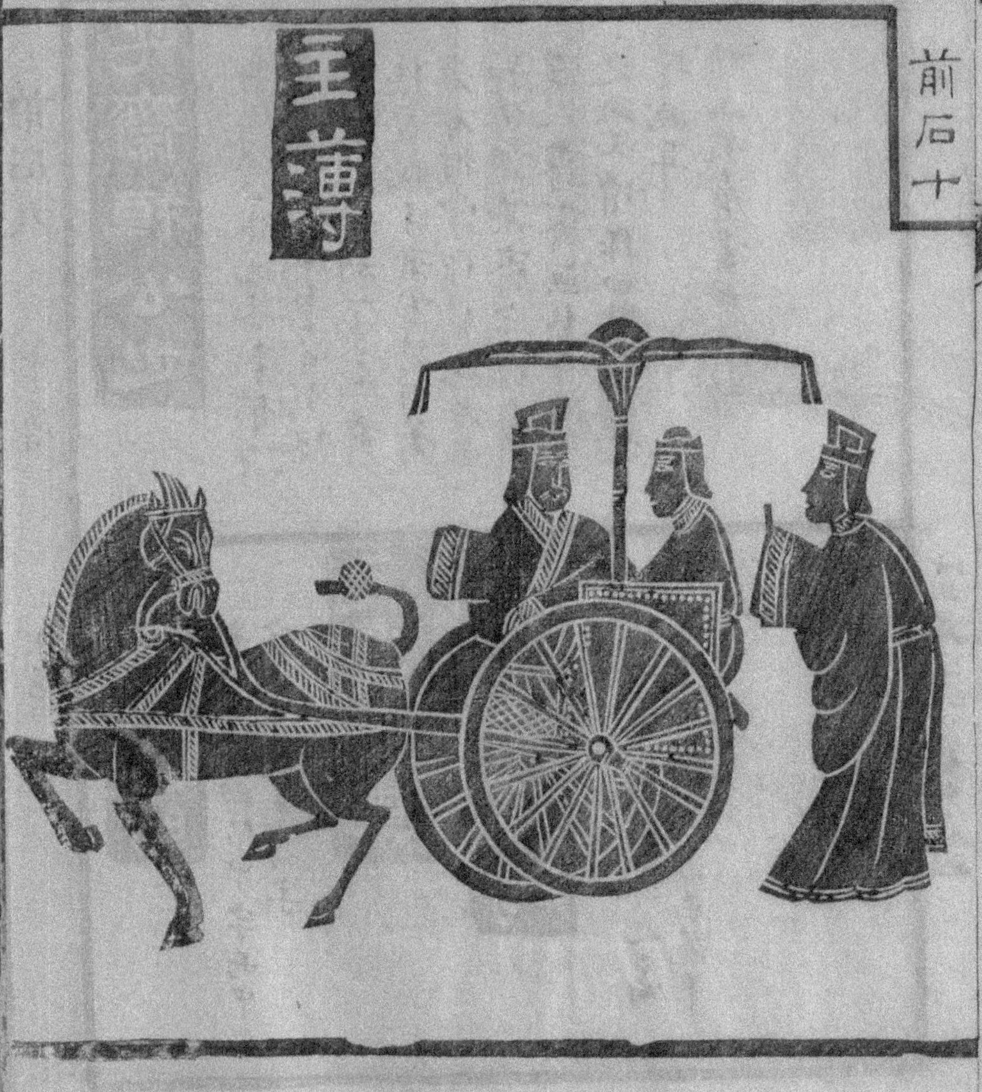

前石十

石索

邃古齋藏

二下似卒字泐

此石祇一層

遯古盦藏

樊於期首函
秦王斷袖

榜存一也字上有此秦三字泐

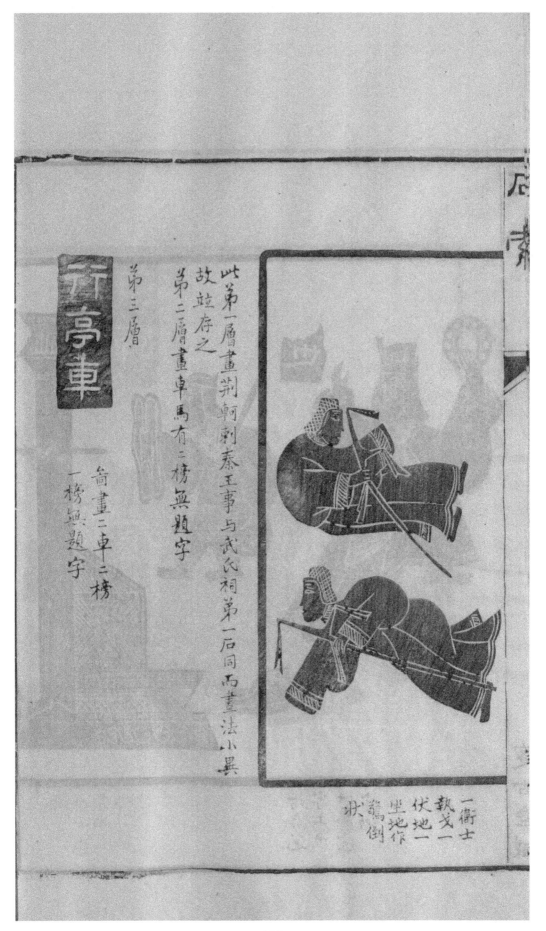

一衛士執戈一伏地一坐地作驚倒狀

此第一層畫荊軻刺秦王事与武氏祠第一石同而畫法小異故竝存之

第二層畫車馬有二榜無題字

第三層

前畫二車二榜一榜無題字

行亭車

前石十二

上層雲龍

次層八婦人作持鏡及盤盂之屬

三層

道吏車

道即導字

四層

主簿車

以上車馬相侶不錄

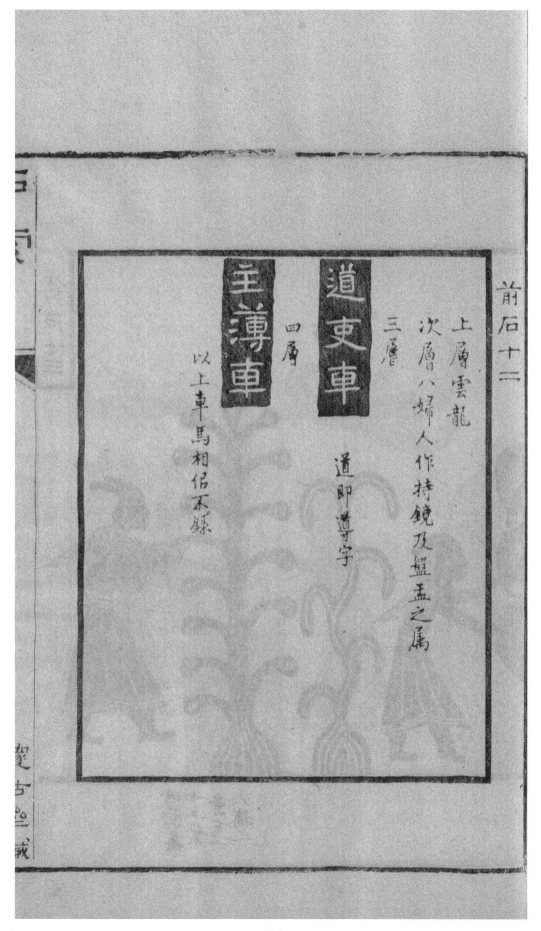

前石十三

此蓂莢十五葉旁有一人摘之

石索

此第二層其第一層畫三首鳥第三層畫婦女未錄

人作砍樹狀未詳何名

邃古齋藏

賤曹車

此十四石之第四層畫不録

前石十四　此幅分前後段前段樓閣三重後段厨灶

前石十五　此幅車馬騎導有四榜無題字亦佚不録

金石志云武氏前石室十五石黄小松以始獲時在武梁殿畫象之前即定為前石室此刻洪氏未見故隸續不載是也偃師武虚谷跋云楚詞天問章句叙云屈原見楚先王廟及公卿祠堂畫天地山川神靈琦瑋僪佹及古聖賢怪物行事此亦師其意而為之此論可破西洋畫及佛像之說矣

武氏後石室畫像十石

後石一

此第一層畫海神龍魚出戰之狀

邃古齋藏

次層畫農人操作之事

三層

此段畫上古人搏擊之事

冠作母追身有四翼衣作三層

手持兩刄而

此疑祝誦氏与共工氏之搏手類其前後尚有冠服跪立数人畫泐未全

石
後石二

後石三 第一層

此石畫雲物神仙之狀上坐三神一男一女疑為東王公西王母也漢人鏡銘每樂道之神異經云西王母歲登希有鳥翼上會東王公是也一侍者手執一物而三珠疑即三株樹山海經云三株樹葉皆為珠是也雲中車馬皆有翼奇絕下層一屋三帳房未審

石索

邃古堂藏

此畵上古神聖之狀其第二層画伏羲則第一層坐雲車駕蜚鳥者必在伏羲前蓋九頭紀五龍紀之屬也靈光殿賦云上紀開闢遂古之初五龍比翼人皇九頭伏羲鱗身女媧蛇軀鴻荒朴畧厥狀睢盱注云畫太古開闢之君也春秋命歷序曰皇伯皇仲皇叔皇季皇少五姓同期俱駕龍周密与神通號曰五龍又曰人皇九頭提羽蓋乘雲車

此第一層從左起畫兩翼神人坐雲中三龍駕之皆有翼此為應龍應龍有翼易曰飛龍在天論衡云龍無翼不能蜚也其前有騎龍四人為導四龍中間又直立一龍畫龍之態矣又有翼童子數人或推之或挽之有攀龍尾者有出沒雲中者右角垂一龍首向之此其御龍氏與其下有跪拜二人執簡恭立一人皆無翼矣

以下第二層畫雷雨之事亦從左起一人坐而張口吹嘘者風伯也楊子雲賦霹靂烈缺吐火施鞭次一神坐車中綏旦張髯手執二椎者雷公也論衡云畫雷之狀纍纍如連鼓又畫一力士擊之謂之雷公也車建二鼓六童子挽挽而行者雷車也傳元雲中歌云童女掣電策童男挽雷車搜神記亦載官嬰阿香推雷車事是雷有車矣次畫一龍兩首倒垂于地寫其背如橋有神在其內持鎚杵擊兜一人有女子伏龍背上左手執鞭鞅電策也右手持缾罌下注者行雨狀也餘紛紛持缾執桓者雷部衆神也末二被髮者人眷屬耳

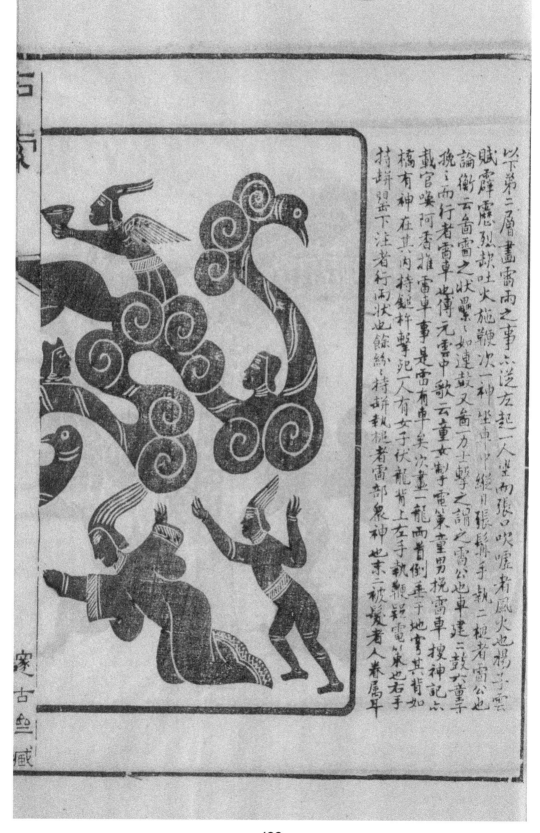

邃古齋藏

石索

邃古亝藏

此第三層畫異人奇獸名不可曉

三人皆暨且此一人持小兒手方食其足之尧時有寔竊食人〻類

一人更奇目逼于耳手足頂皆用兵器有短尾似獸

有榜俱未題字

邃古齋藏

三層止

石索

邃古齋藏

此疑獵犬

此人背負一虎一手曳一虎

此人拔樹

石索

上二人争牛一人負其尾一人拔其角

邃古齋藏

此層疑畫田獵搏獸之事

後石室畫多靈怪、狀此、第、三石更為怪異其、第三層幽乎山海往狀靈光殿賦所謂雜物奇怪千變萬化曲得其情者於斯益信惜未署其名耳

後石四　此第四層畫北斗星君之狀其上三層画風雲雷雨与上石同不錄

畣畫北斗七星甚明其臣坐于魁中臺上冠左右有彩纓者星君象也三人執笏拱立於後者從官也四人禮拜于杓下者世民耳別一有異人持小星而上者予招搖也金石志以為七星黒球未有人以足抵之手執一鼓者似未審也晉天文志斗為人君之象號令之主又為帝車魁第一星為天樞二璇三璣四權五玉衡六開陽七搖光一至四為魁五至七為杓是也其雲龍車馬亦畫家布置無深義也

後石五
一層
二層

後石五

石索

此第三四層與上一二層柢似前雙丫頂駕蜚鳥此三頂駕蜚龍其童子執旛

後石六　畫車馬導從之屬有四榜無題字石多殘泐不錄

後石七

此通幅畫水陸舟車攻戰之事與前室第六石畧同

後缺已止

後石八　銳頂畫雲龍車馬下層車馬干盾

後石九　銳頂有翼神人中層孔門二十人下層車騎

後石十　銳頂連下畫橋梁攻戰同第七石

此三石磨泐未錄金石志以九為十以十為九今從石刻

附存小石柱題字

斷石柱高可尺五六寸字大三四寸此後人所題附錄之

武氏後石室止

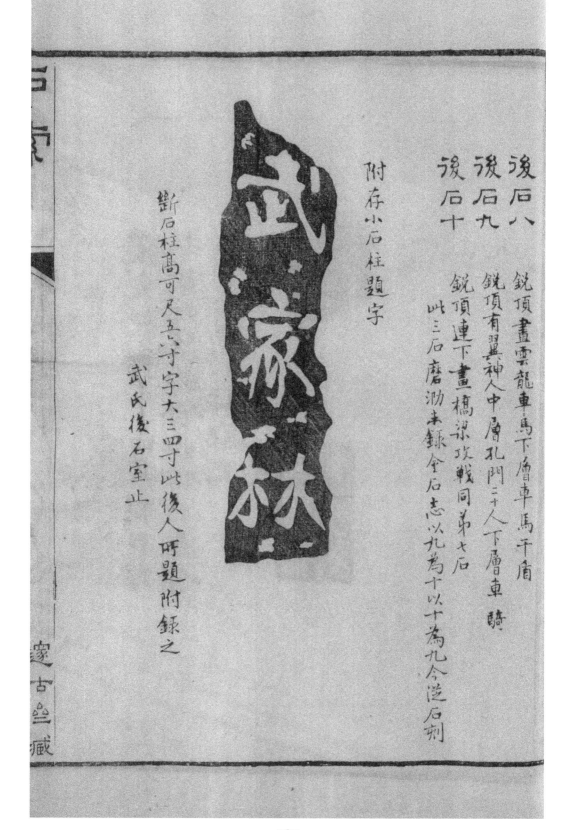

道光元年四月朔日鐫
板于嵫陽署齋於時日月合
璧五星聯珠記之

金匱石室之藏

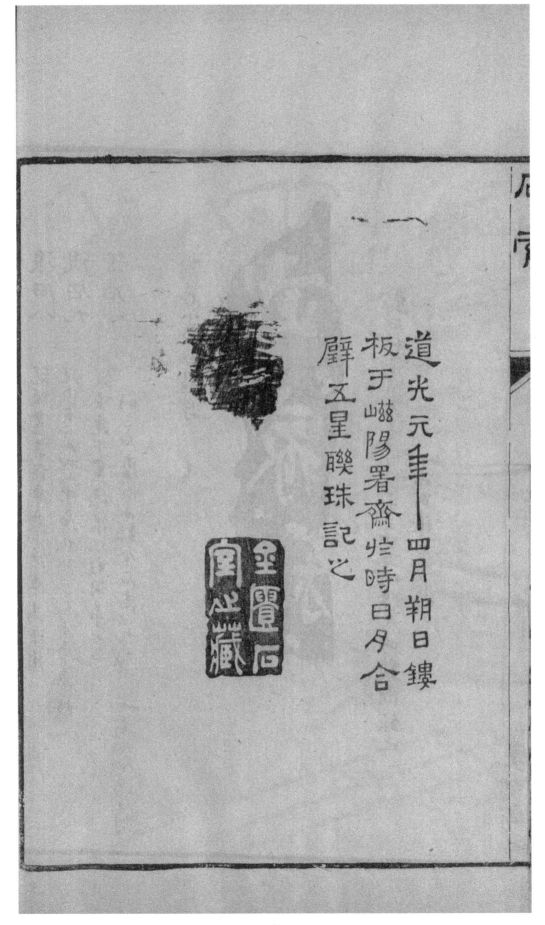